Cómo hablar de temas delicados a los hijos

Cómo hablar de temas delicados a los hijos es un libro que le ofrece la orientación adecuada para tratar asuntos como la sexualidad, la violencia, las drogas y otros temas básicos para la educación de ellos.

Con esta información a usted se le facilitará saltar la barrera generacional para prepararlos y aclararles las dudas correspondientes a su edad.

Es indispensable que no aplace, ni un día más, una conversación relevante con sus hijos. Recuerde: el conocimiento es un arma que, bien utilizada, los ayudará a tener éxito en las decisiones que tengan que afrontar como adolescentes.

Charles E. Shaefer y
Theresa Foy DiGeronimo

Cómo hablar de temas delicados a los hijos

Obra publicada anteriormente
con el título de *Cómo hablar de
temas difíciles a los adolescentes*

SELECTOR
actualidad editorial

SELECTOR
actualidad editorial

Doctor Erazo 120   Tels.   588 72 72
Colonia Doctores   Fax: 761 57 16
México 06720, D. F.

CÓMO HABLAR DE TEMAS DELICADOS A LOS HIJOS
Título en inglés: *How To Talk To Your Kids About Really Important Things*

Traducción: Susana Liberti
Diseño de portada: Heidi Zelinsky
Ilustración de interiores: Mónica Jácome

ISBN (inglés): 1-55542-611-5
ISBN (español): 970-643-076-8

Primera edición: Enero de 1998

Índice

Dedicatoria

*A mis hijos, Karine y Eric, quienes han hecho que las
"conversaciones familiares" sean un desafío gozoso –jamás una carga.*

C.E.S.

*A mi esposo, Mick, mi compañero en la paternidad y en la
vida.*

T.F.D.

Agradecimientos

Nos gustaría darles las gracias a: Alan Rinzler, nuestro editor, por reconocer la necesidad de un libro que tratara de las conversaciones con los niños y por ofrecer sus propios conocimientos paternales; y a la doctora Karen Hein, directora del Programa de SIDA para Adolescentes del Centro Médico Montfiore, de la ciudad de Nueva York, por revisar el capítulo sobre VIH/SIDA.

Introducción

Lo que los niños ignoran *puede* dañarlos. Por eso es que hemos escrito este libro, para ayudarlo a usted a hablar con sus hijos acerca de cosas realmente importantes.

Nos damos cuenta que nadie puede decirle exactamente qué opinar en todas las situaciones, pero en cada capítulo de este libro le ofrecemos una recopilación única de consejos, información y muestras de diálogos, todos basados en nuestros años de práctica clínica, experiencia de padres e investigación académica.

Esperamos que este libro sea un recurso valioso en los años futuros, cuando le hable a sus hijos sobre sus experiencias y los ayude a atravesar las crisis. También nos damos cuenta que cada situación familiar es única; sabemos que además de los así llamados padres tradicionales hay padres homosexuales, padrastros, padres adoptivos, padres que trabajan y tutores. Así que desde el principio queremos decir que en este libro no hay nada que deba considerarse como el evangelio o como "la única forma correcta". Sin embargo, los lineamientos que proporcionamos pueden ser adaptados al sistema de creencias y al estilo de vida de su familia.

¿Por qué debe hablarles a sus hijos?

Los niños son naturalmente curiosos respecto al nacimiento, la muerte y todo lo que sucede entre ambos acontecimientos. Finalmente, obtendrán las respuestas a todas sus preguntas, pero ¿de quién? Si quiere ser la fuente fundamental de información para sus hijos, hágaselos saber desde el principio hablándoles abiertamente, de manera concreta y honesta acerca de los muchos temas que son importantes en sus vidas.

Esfuércese por ser un padre "preguntable", es decir, alguien que sus hijos sientan que no los juzgará, ni se burlará de ellos ni los castigará por hacer preguntas. Un padre preguntable responde a las preguntas con palabras y actos que dicen "Me da mucho gusto que hayas preguntado".

Los niños sienten intuitivamente cuán receptivos son sus padres para hablar acerca de ciertos temas. Si usted evita hablar de temas emocionalmente delicados –como la muerte, la adopción, o un padre alcohólico–, ellos aprenderán a guardarse sus preocupaciones. Si usted ignora los temas "embarazosos" –como la pornografía, la homosexualidad y la masturbación–, sus hijos conseguirán su información (o desinformación) de alguien más. Si usted menosprecia la importancia de experiencias de la vida tales como mudarse a una casa nueva, empezar la escuela o internarse en el hospital, sus hijos supondrán que sencillamente usted no entiende sus temores.

La comunicación franca es una herramienta paterna sumamente poderosa. La información de este libro lo ayudará a usarla a menudo y con sensatez.

¿Cuándo debe hablarles a sus hijos?

El contenido de este libro se dirige a satisfacer las necesidades de los niños de cuatro a doce años. Estos son los años formativos cuando los niños están desarrollando los cimientos de sus creencias, valores y actitudes básicos. También es el periodo en que los niños son generalmente más abiertos y están más interesados en recibir la guía de los padres.

Es ideal iniciar las conversaciones sobre temas importantes mientras sus hijos son aún pequeños. Esto crea un ambiente de honestidad y franqueza que es muy difícil establecer una vez que los niños llegan a la adolescencia. Para entonces, los adolescentes ya han encontrado otras fuentes de respuestas a sus preguntas.

Cómo hablarles a sus niños

La forma en que les habla a los niños es tan importante como lo que les dice. Cada capítulo del libro contiene lineamientos específicos apropiados para el tema. Pero tenga siempre presentes estas reglas básicas:

Sepa de qué está hablando. Para lograr un efecto al dar asesoría o consejo, tiene que presentarse a los ojos de su hijo como un experto en la materia. Así que antes de ofrecer consejo sobre un tema tal, como sexo o alcoholismo, debe leer sobre esos temas. Busque lecturas apropiadas y léalas *antes* de abordar el tema con sus niños. Su opinión será más creíble si ofrece evidencia que la apoye en lugar de emitir simplemente su punto de vista.

Sea confiable. Sea franco acerca de lo que sabe y honesto acerca de lo que no sabe. Evite exagerar la verdad para causar impresión o deformar la verdad para evitarle incomodidad a su hijo o evitársela usted mismo. Haga que sus hijos aprendan que pueden confiar en lo que les dice.

Sea breve. No ande con rodeos; vaya directamente al grano. Mantendrá la atención y el respeto de su hijo si puede evitar la tendencia a dar una conferencia o un argumento largo y complicado.

Sea claro. Use lenguaje simple, concreto, adecuado al nivel de desarrollo de su hijo.

Respete la opinión de su hijo. Pregúnteles a sus hijos qué piensan sobre los problemas, en lugar de decirles simplemente qué hacer o qué pensar. Acuérdese de escuchar y respetar las opiniones de los niños, la manera de hablar *con* ellos más que hablarles *a* ellos. El respeto también involucra darles razones a los niños para que se comporten de determinada manera. Las razones ayudarán a desarrollar la capacidad de pensar del niño y su independencia de opinión.

El libro trata de *por qué*, *cuándo* y *cómo* debe hablar con sus hijos. No discutiremos, ni debatiremos ni disertaremos sobre las muchas teorías y prácticas controvertidas inherentes a algunos de los temas. Nos esforzamos únicamente por darle las palabras que necesita para hablarle a sus hijos.

Este libro está escrito por dos personas. Charles E. Schaefer, profesor de psicología de la Universidad Fairleigh Dickinson de Nueva Jersey, quien ha pasado durante muchos años en su práctica clínica, hablando con los niños y sus familias. Así como con sus dos hijos. También es autor de treinta libros sobre paternidad y terapia infantil. Estas experiencias le han enseñado la importancia de la comunicación abierta y el valor de las anticuadas conversaciones familiares sobre temas que nuestros abuelos, y aun nuestros padres, pensaban que eran demasiado íntimos, insignificantes o tabú como para ser mencionados.

Theresa Foy DiGeronimo es escritora y madre de tres niños. Sus experiencias cotidianas le han dado oportunidades para "probar" los consejos de Schaefer y para desafiarlo a ofrecer diálogos realistas y prácticos que realmente den resultados con los niños.

Como los autores han trabajado de manera conjunta al escribir este libro, en general se usa el pronombre *nosotros*; sin embargo, el *yo* ocasional es la voz del doctor Schaefer que ofrece su experiencia clínica.

Si usted puede hablarle a los niños pequeños a menudo y abiertamente sobre cualquier tema en el mundo, rápidamente aprenderán que pueden confiarle sus secretos y temores. A medida que los niños crecen, esta confianza enriquecerá su relación y los estimulará a dirigirse a usted, y no saldrán a la calle en busca de la información que necesitan para mantenerse seguros y sanos.

Con este objetivo en mente, esperamos que este libro se convertirá en una fuente confiable a la que podrá recurrir en todos esos días futuros en los que necesitará encontrar las palabras adecuadas para hablarles a sus niños sobre cosas realmente importantes.

Enero 1994

Charles E. Schaefer
Hackensack, Nueva Jersey

Theresa Foy DiGeronimo
Hawthorne, Nueva Jersey

Las preocupaciones de los adolescentes

Muchas de las preocupaciones de nuestros hijos se concentran en temas delicados tales como sexualidad, violencia, drogas y guerra. Desgraciadamente, a menudo éstos son los temas que nos hacen sentir más incómodos al hablar sobre ellos, por lo tanto aplazamos las conversaciones informativas hasta el proverbial "mañana". Irónicamente, éstos son los mismísimos temas sobre los cuales los niños necesitan más, y no menos, información y guía paterna.

Los capítulos siguientes lo ayudarán a darles a sus hijos el conocimiento que necesitan para comprender temas complejos que son relevantes para sus vidas en estos tiempos modernos.

El conocimiento es poder, poder para prever los acontecimientos y prepararse para ellos. Con esta información y su actitud amorosa sus hijos pueden entender mejor y enfrentarse a temas que les provocan confusión, y a veces temor, tales como la pornografía, los desconocidos, el prejuicio, el nacimiento y la muerte.

La muerte

Esa mañana de primavera el sol parecía especialmente brillante y en el aire había un perfume nostálgico de flores nuevas y tierra fresca. Duane recuerda los detalles del día porque contrastaban tan claramente con la pregunta que estaba en la mente de su hija.

"Íbamos caminando hacia la tienda de la esquina a comprar el diario –recuerda Duane– cuando Jannette, de cinco años, levantó la mirada hacia mí y me preguntó: 'Papito, ¿qué quiere decir *muerto*?' He olvidado exactamente qué dije (pienso que murmuré algo sobre que la muerte es lo que les sucede finalmente a todos), pero recuerdo muy claramente cuánto me sorprendió que en un día tan hermoso Jannette me hiciera una pregunta tan triste."

Las preguntas sobre la muerte son una parte muy natural de la búsqueda continua del significado de la vida que hace un niño. No implican ningún problema profundo ni rasgos mórbidos de la personalidad. Están hechas con la misma inocencia y curiosidad que mueven a un niño a preguntar: "¿Por qué nací?"

Como la pregunta sobre la muerte tomó desprevenido a Duane, perdió una oportunidad de hablar con su hija sobre este tema importante a una edad temprana. Las conversaciones serenas y exploratorias sobre la muerte, en momentos como éste, pueden cumplir dos objetivos: 1) ayudan a que los niños aprendan a ver la muerte como algo natural, no misterioso ni espantoso, y 2) ayudan a los niños a prepararse para experiencias inevitables como la pérdida de una mascota o de un familiar.

Considere el nivel de comprensión de su hijo

Las preocupaciones de los niños respecto a la muerte varían de acuerdo con su edad. Trate de recordar esto y adecue los detalles que ofrece para reflejar el nivel de comprensión de su hijo.

Infantes

Antes de los tres años de edad, los niños son incapaces de comprender la muerte. Obviamente, no es en absoluto necesario discutir este tema con niños tan pequeños. Sin embargo, en cada nivel de desarrollo posterior la habilidad de los niños para captar el concepto de la mortalidad aumenta gradualmente con cada experiencia vida/muerte que presencian.

Niños de tres a cinco años

- Un preescolar sabe que de algún modo la muerte está relacionada con la tristeza.

- La mayoría de los preescolares consideran la vida y la muerte en relación con la movilidad: el movimiento significa vida; la falta de movimiento significa muerte.

- No perciben la muerte como un hecho definitivo, sino como un suceso temporal y reversible (esta idea está reforzada por el hecho de ver personajes de caricaturas que se vuelven a levantar después de haber sido completamente aplastados).

- A menudo los preescolares hacen preguntas como: "¿Qué comen las personas muertas?" "¿Qué pasa si la persona muerta le tiene miedo a la oscuridad?" "¿Las personas muertas pueden ver bajo tierra?"

- El temor a la muerte se centra en estar separado de los padres; puede ser percibida como abandono.

Niños de seis a ocho años

- Los niños de seis a ocho años están comenzando a darse cuenta del carácter definitivo de la muerte.

- Tienden a asociar la muerte con un esqueleto, un monstruo, o con una figura fantasmal como la segadora con la guadaña. (A menudo esto provoca pesadillas y miedo a la oscuridad.)

- El niño de esta edad a menudo no comprende el carácter inevitable de su propia muerte.

- Cuando muere un ser amado, los niños pueden sentir que es un castigo por sus propios pensamientos o comportamientos malos.

Niños de nueve a doce años

- De los nueve o diez años y durante la adolescencia, los niños comienzan a darse cuenta plenamente que la muerte es irreversible, universal e inevitable.
- Después de los ocho años los niños llegan a entender que todas las cosas vivas mueren, y que ellos también morirán algún día.
- Saben que la muerte le ocurre a la gente de acuerdo con ciertas leyes físicas; por ejemplo, a veces el cuerpo se desgasta igual que un auto viejo y no puede seguir funcionando.
- A esta edad los niños se dan cuenta de que el cuerpo puede ser herido mortalmente en los accidentes.

Cómo *no* hablarles a los niños sobre la muerte

Una vez que tiene idea del nivel de comprensión de su hijo, usted está casi listo para responder a esa pregunta inevitable: "¿Por qué se mueren las personas?" Pero primero considere las siguientes sugerencias que describen cómo *no* hablarles a sus niños sobre la muerte.

- *No compare la muerte con el sueño.* Evite el uso de metáforas tales como "alguien se quedó dormido" o "descanso eterno". Si sus hijos confunden la muerte con el sueño, pueden tener miedo de irse a la cama o de dormir una siesta, puesto que temerán no despertarse.

- *No diga que alguien que murió "se fue" o se fue "en un viaje muy muy largo".* Los niños se pueden sentir abandonados o se preguntarán por qué la persona no dijo adiós. Además los niños pueden temer que otros adultos que se van, de vacaciones o por cualquier otra razón, tampoco vuelvan.

- *No les diga a los niños pequeños que alguien murió porque "se enfermó".* Los preescolares no pueden diferenciar entre una enfermedad pasajera y una enfermedad terminal. Es mejor explicarles a los niños pequeños que sólo una enfermedad *muy* grave puede causar la muerte, y que aunque todos nos enfermamos un poco a veces, nos recuperamos rápidamente de estos malestares menores.

- *No diga "sólo se mueren los ancianos".* Los niños pronto descubrirán que los jóvenes también mueren. Es mejor decir algo así como: "La mayoría de las personas vive mucho tiempo, pero algunas no. Espero que tú y yo vivamos muchísimo tiempo".

- *No evite el tema.* Si su hijo le hace una pregunta sobre la muerte, evite la tentación de decir: "Oh, eso no es algo por lo que tengas que preocuparte ahora". Que su hijo vea, por su disposición a hablar abiertamente del tema, que la muerte no es algo de lo que no se puede hablar.

Cómo hablarles a los niños sobre la muerte

Lo que usted les diga a sus hijos sobre la muerte dependerá de muchas cosas, incluyendo sus propias creencias y el nivel de comprensión de ellos. Sin embargo, hay algunos lineamientos que lo ayudarán a dar respuestas sensatas, significativas, a las preguntas de los niños sobre la muerte.

Siéntase cómodo al hablar de la muerte. Cada uno de nosotros debe aceptar la muerte, intelectual y emocionalmente, puede ayudar a sus hijos a aprender a sentirse cómodos al hablar de ella. La muerte no debería considerarse un tema de conversación mórbido o espantoso, así que trate de aceptar las preguntas de un niño sobre la muerte con una actitud de "No sabré todas las respuestas, pero está bien que preguntes." Que sus hijos sientan que está dispuesto a hablar tanto de la muerte como del nacimiento.

Familiarice a los niños con la idea de la muerte a una edad temprana. Aprender acerca del significado de la muerte debe ser un proceso gradual y parte de las experiencias cotidianas. La manera más simple de familiarizar a los niños con el concepto de la muerte –aunque sean demasiado pequeños como para comprenderlo plenamente– es hablar abiertamente del ciclo de vida natural de las flores, insectos y animales. Dé oportunidades a sus hijos para que sean responsables del cuidado de mascotas y plantas. Estimúlelos a observar las etapas naturales del nacimiento, el crecimiento, la reproducción y la muerte de estas cosas vivas. Explique que todas las cosas vivas envejecen continuamente desde que nacen y finalmente mueren.

En esta forma, el hecho de que las cosas vivas (inclusive las personas) mueren será tan natural como el hecho de que nacen.

Tómese tiempo para entender exactamente qué es lo que está preguntando su hijo. Para no abrumar al niño, conteste las preguntas específicas sin agregar información que él no ha solicitado.

Estos son algunos ejemplos de respuestas limitadas a las preguntas de los niños.

"¿Voy a morirme cuando crezca?"

"Todos nos morimos algún día."

"¿Tú también te vas a morir?"

Tranquilice al niño diciendo: "Sí, pero espero seguir vivo mucho tiempo."

"¿Por qué [una determinada persona que está de duelo] está llorando?"

Usted podría decir algo así como: "La tía Ethel llora porque está triste, pues el tío Joe se murió. Lo extraña muchísimo. Todos nos sentimos tristes cuando se muere alguien a quien queremos."

Haga afirmaciones concretas. Puesto que los niños de menos de nueve años tienen dificultad para comprender los conceptos abstractos, sea simple y directo.

Podría ayudar a un niño a definir la muerte en términos de ausencia de vida: una persona muerta *no* respira, habla, siente, duerme o necesita comida; un perro muerto ya *no* ladra ni corre más.

Cuando Jannette preguntó: "¿Qué es estar muerto?", Duane podría haber contestado: "Muerto significa ya no estar vivo. Es como estas flores: ahora están vivas, pero en el invierno desaparece su color, se marchitan y mueren. El cuerpo deja de trabajar cuando está muerto. No se mueve, ni oye, ni respira, ni siente, ni duerme. Sólo se detiene."

Presente las ideas gradualmente al correr el tiempo. No trate de explicar la muerte en una sola conversación. Recuerde que los niños aprenden por medio de la repetición, así, está bien si hacen la misma pregunta una y otra vez. A medida que crecen y maduran, los niños pedirán más aclaraciones y detalles, y eso es bueno.

Duane desperdició su primera oportunidad de hablarle a su hija sobre la muerte, pero no necesita preocuparse: es seguro que el tema volverá a surgir porque los niños son incesantemente curiosos ya que los ejemplos de la vida y de la muerte nos rodean.

VIH/SIDA

En el patio de la escuela, un grupo de niños pequeños se alejaba corriendo de un niñito, gritando: "¡No dejen que los toque! ¡Tiene SIDA!" Los niños chillaban y reían y rodeaban al niño, acobardado. Este pobrecito, por supuesto, no tenía SIDA; tenía lo que, en años pasados, podríamos haber llamado "piojos". ¿Recuerdan aquel padecimiento temido y completamente indefinible que afligía a las almas impopulares y garantizaba el aislamiento y el ridículo?

Esta escena del patio de juegos da una imagen muy clara de cómo entienden muchos niños de la escuela primaria el VIH/SIDA; ellos saben que el SIDA es algo terrible y contagioso, pero no tienen idea de lo que realmente es.

Los niños pequeños necesitan conocer los hechos relacionados con el SIDA porque, desgraciadamente, es parte de su mundo. En 1992, más de cuatro mil niños de menos de trece años estaban infectados por el virus del SIDA. Como padres, tenemos la responsabilidad de hablar abiertamente con nuestros hijos sobre esta epidemia de nuestra época, para que puedan vivir su vida con buena salud y sin un temor indebido.

Cuando le hable a sus hijos sobre el VIH, debe esforzarse por alcanzar dos metas:

1. Disipe mitos y dé hechos.
2. Enseñe compasión para los que están infectados.

La información que le dé a sus niños va a variar de acuerdo con la edad, el nivel de madurez, las experiencias vividas y el conocimiento. Con esta idea en la mente, el capítulo está dividido en tres secciones. La primera da información general que lo ayudará a hablar sobre el tema del VIH/SIDA con todos los niños de cuatro a doce años. La segunda sección ofrece sugerencias de diálogos para niños de cuatro a siete años, y la tercera sección lo ayudará a discutir este tema con niños de ocho a doce años.

¿Cuándo debe sacar el tema del VIH/SIDA?

Nuestros niños no pueden, ni deben ignorar los hechos relativos a la epidemia de VIH/SIDA. Las noticias sobre ésta están a nuestro alrededor: en el salón de clases, en las telenovelas y noticiarios de televisión, en los quioscos de las ferias de la comunidad y en las revistas y diarios. El VIH/SIDA será un hecho mundial importante en la vida de nuestros hijos y probablemente un conocido suyo llegará a infectarse.

Los informes de los medios

Se comentan mejor los hechos relativos al VIH/SIDA durante lo que llamamos momentos "pedagógicos". Para empezar, los medios le dan amplia oportunidad de discutir los hechos. Por ejemplo, si en las noticias se informa que alguna personalidad famosa ha muerto por una enfermedad relacionada con el VIH, puede señalárselo a sus hijos y abrir la puerta para un intercambio de ideas.

A los niños más pequeños les podría preguntar: "¿Sabes lo que es el SIDA?" Los niños mayores podrán expresar lo que han captado acerca del síndrome si usted pregunta: "¿Sabes cómo pudo esta persona adquirir el VIH?" O puede comentar, simplemente: "Qué pena que no haya una cura conocida para el SIDA." Probablemente, sus hijos querrán saber más de lo que está pasando.

Si usa tales momentos pedagógicos serena y naturalmente para abrir el tema del VIH/SIDA, aprenderán que usted es alguien a quien le pueden plantear sus preguntas.

Programas escolares

En algunas escuelas se ha comenzado a presentar el tema del VIH/SIDA en los primeros años. Telefonee a la escuela de su hijo y averigüe si el VIH/SIDA está en el programa. Si es así, averigüe cuándo se comentará en el aula. Esto le da una apertura perfecta para preguntar: "¿Qué te dijo hoy la maestra sobre el VIH o el SIDA?" "¿Entiendes lo que significa?" "¿Tienes algunas preguntas sobre esa información?"

Cuando sus hijos hacen preguntas, conteste tan honestamente como sea posible, en relación con la cantidad de información que siente que sería adecuada a su edad y experiencias.

Si no está seguro de la respuesta, no vacile en decirlo; los hechos relativos al SIDA son nuevos para todos nosotros. Pero no diga: "¡Oh!, no sé", para abandonar el tema. Si la respuesta no está incluida en este capítulo, pregúntele a su médico o use su biblioteca pública o diríjase a alguna asociación vinculada al tema.

Busque. Usted y sus hijos se beneficiarán de este tipo de investigación.

¿Cómo hablar sobre el VIH/SIDA?

No dé una conferencia. Una discusión sobre el VIH/SIDA no debe ser una representación estudiada y ensayada. Hágala una conversación, un intercambio de información e ideas, un dar y tomar de sentimientos y hechos. Su discusión del SIDA también debe ser continua, no un asunto resuelto de una vez. Los niños son receptivos a información diferente en momentos diferentes de su vida. Por lo tanto, a medida que sus hijos maduran, debe seguir conversando y escuchando, haciéndoles saber que siempre está abierto a las preguntas.

Niños de cuatro a siete años:
Preguntas comunes y respuestas sugeridas

Generalmente, los niños de cuatro a siete años no requieren demasiada información específica sobre los modos de transmisión del VIH o los efectos del virus en el cuerpo. Sin embargo, en esta etapa es importante darle a los niños información general que impedirá que se asusten o desorienten por los rumores que puedan escuchar por ahí, en el vecindario o en la escuela. También es un buen momento para echar los cimientos de una comunicación franca en los años posteriores, cuando ellos necesitarán una información más detallada.

"¿Qué es el SIDA?"

"El SIDA es un grupo de enfermedades causadas por un virus llamado VIH. Este virus puede causar la muerte de las personas porque afecta el sistema inmunológico, que es necesario para que la gente se mantenga sana."

"¿Cómo pescas el SIDA?"

"Pescas las enfermedades relacionadas con el SIDA por el VIH. Las personas que tienen el VIH lo adquieren de otras personas que ya lo tienen."

"¿Yo pescaré el VIH?"

"No pescarás el VIH porque es muy difícil adquirirlo de otra persona. El virus debe ir directamente de la sangre de otra persona a tu sangre, y esto es muy difícil que ocurra."

Los niños pequeños viven en el aquí y ahora. No trate de explicarles lo que podría ocurrir si tienen comportamientos riesgosos cuando sean mayores.

"¿Por qué algunos niños tiene SIDA?"

"Algunos niños se contagian con el VIH al nacer. Si una madre tiene el VIH, puede pasarlo a la corriente sanguínea de su hijo durante el embarazo o en el momento del nacimiento. Esto no te sucedió a ti porque yo no estoy infectada con el VIH.

"Otros niños han adquirido el virus del SIDA cuando estuvieron enfermos y necesitaron sangre. Hace mucho tiempo, alguna sangre que los doctores le dieron a sus pacientes tenía el virus del SIDA; así el virus entró en la gente junto con la sangre. Ahora esto pasa rara vez, los médicos le dan a la gente sólo sangre que ha pasado pruebas para ver si tiene el VIH, así se usa sólo la sangre que no tiene el virus."

*"¿Voy a contagiarme el VIH de un
chico de la escuela que lo tiene?*

"No, no vas a contagiarte. El VIH y el SIDA no pasan a otras personas que viven o juegan con personas infectadas. Puedes jugar con niños infectados, nadar en la misma piscina, usar el mismo baño y el mismo bebedero, compartir los mismos juguetes y no te vas a contagiar del VIH."

*"¿Se mejoran las personas
que tienen SIDA?"*

"En este momento no hay cura para el SIDA. Pero las nuevas medicinas y los nuevos tratamientos están ayudando a las personas con VIH a mantenerse saludables durante muchos años. La mayoría de las personas con VIH se mantienen saludables por lo menos durante diez años."

Niños de ocho a doce años:
Preguntas comunes y respuestas sugeridas

Los niños de ocho a doce años comprenden un poco más sobre las enfermedades contagiosas y muchos también están conscientes de que el SIDA tiene algo que ver con el sexo y las drogas. Por lo tanto, sus respuestas necesitan estar adecuadas al nivel de madurez individual de cada niño. Los siguientes ejemplos de preguntas y respuestas le darán una idea de cuánta información debería tener la mayoría de los niños de esta edad.

"¿Qué es el SIDA?"

"Las letras, *S, I, D, A* quieren decir *Síndrome de Inmunodeficiencia Adquirida.* Éste es el término médico para ciertas enfermedades causadas por el virus de inmuno-deficiencia humana, VIH. Este virus detiene la capacidad natural del cuerpo de protegerse contra las infecciones. Las personas con VIH a menudo contraen enfermedades graves que las demás personas generalmente no adquieren, como cánceres e infecciones poco comunes, o neumonía, que finalmente les causan la muerte."

"¿Sólo los homosexuales adquieren el SIDA?"

"No. Cuando el SIDA apareció por primera vez en las noticias a comienzos de los ochenta, parecía estar limitado a la comunidad homosexual. Por lo tanto, muchas personas que no eran homosexuales pensaron que no corrían el riesgo de infectarse. Era falso. Ahora sabemos que cualquiera –hombres, mujeres, niños, esposos, esposas, abuelos, ministros, maestras– puede infectarse con el VIH."

"¿Cómo pescas el SIDA?"

"El SIDA lo causa un virus que pasa de una persona infectada a otra persona. Pero es un virus de diferente clase a los del resfrío o de la gripe que las personas se transmiten cuando estornudan o tosen o se dan la mano. El VIH pasa de una persona a otra sólo cuando la sangre u otros fluidos corporales infectados con VIH van de la persona infectada directamente a la sangre o al cuerpo de otra persona.

"Si los niños pequeños adquieren el VIH, generalmente se infectan de una de dos formas: una manera es que los niños se infecten con el VIH durante el embarazo o el nacimiento, si sus madres ya estaban infectadas con el VIH y el virus pasó a la corriente sanguínea del recién nacido. Es raro que el VIH pueda pasar de una madre infectada a un bebé a través de la leche materna.

"Además algunos niños se infectaron con el VIH por transfusiones de sangre hechas antes de 1985, cuando la provisión de sangre todavía no estaba probada contra el VIH, como ahora.

"Las personas mayores pueden contraer el virus del VIH de otras dos maneras. Una manera es compartir agujas infectadas con VIH para inyectarse drogas en el cuerpo.

Cuando una persona con el VIH usa un aguja o una jeringa para inyectarse drogas y después permite que la use otra persona, la sangre infectada que todavía está en la aguja o en la jeringa puede inyectarse en la segunda persona. Entonces esa segunda persona también puede desarrollar el VIH.

"Otra forma es mediante la relación sexual sin protección con una persona que está infectada con el VIH."

"¿Cómo puedo saber si alguien tiene VIH?"

"Al mirar a alguien no puedes saber si él o ella tiene el VIH. En realidad, personas que portan el virus pueden no saberlo porque todavía no tienen síntomas. Las personas con SIDA sólo se ven enfermas cuando desarrollan un cáncer o una infección que es resultado de la infección con el VIH."

*"¿Puedo pescar el VIH de un
chico de la escuela que lo tenga?"*

"No. Nadie ha adquirido jamás el VIH de otra persona mediante el contacto casual. El VIH no puede ir de una persona a otra como el resfrío, la gripe o la varicela, mediante la tos, los estornudos, el contacto o el juego. El VIH no se 'pesca' de esa manera, así que no puedes contagiarte al compartir baños, lápices, escritorios, teléfonos, alimentos o picaportes. De hecho, los niños con VIH/SIDA pueden jugar, comer, dormir, besar y pelear con sus hermanos y hermanas y sus padres. Jamás ha habido un caso de transmisión de VIH/SIDA por este tipo de contacto diario.

"Sin embargo, es el niño infectado con VIII quien puede poner en riesgo su salud al jugar contigo. Como el VIH debilita la capacidad del cuerpo para combatir las enfermedades , el niño con VIH podría atrapar fácilmente el virus de tu resfrío y enfermarse seriamente, porque el sistema inmunológico del niño no es tan fuerte como debiera ser.

"No tienes nada de qué preocuparte. No te contagiarás el VIH del niño infectado de tu escuela."

A medida que sus hijos maduren, necesitarán más información sobre cómo es exactamente que la relación sexual difunde el VIH y cómo se pueden proteger de la infección. Pero para los niños de cuatro a doce años, el mensaje más importante es darles tranquilidad. Para estar seguro de que sus hijos le entienden, dígales sencillamente: "No puedes atrapar el VIH al jugar con niños que tienen el virus". Y muéstrele a sus hijos la necesidad de compasión que hay en este mundo, recordándoles frecuentemente que "los niños con VIH necesitan nuestro amor y nuestra amistad, no nuestra burla ni nuestro temor."

La homosexualidad

¿Se acuerda cuándo o cómo oyó por primera vez de la homosexualidad? La mayoría de nosotros no recuerda el momento exacto, pero Alfred Martin seguramente recuerda el día en que su hijo de ocho años conoció los hechos.

"Llevé a Rick y a su amigo a un parque cercano para que patinaran, un sábado en la mañana –recuerda Alfred–. No sucedió nada fuera de lo común hasta que Rick vio a dos hombres tomados de la mano. Vi a Rick codear a su amigo y señalar a los hombres. Lo que sucedió a continuación me trastornó. Estos niños de ocho años comenzaron a gritarles cosas como *maricón* y *raro* a dos perfectos desconocidos que no habían hecho nada para molestarlos. Estaba tan enojado que tomé a mi hijo por el brazo y le exigí que me dijera cómo podía burlarse públicamente de las personas de esa manera."

–No son personas –se rió Rick.

–Son maricones –terminó su amigo.

"Yo no podía creer lo que estaba oyendo. ¿Cómo podía un hijo mío hablar así? Les dije a los chicos que se quitaran los patines y que los esperaba en el auto. Era hora de hablar."

El Grupo Nacional de Trabajo de Homosexuales y Lesbianas informa que en cinco áreas urbanas importantes de los Estados Unidos, donde se llevaron estos registros, en 1992 se produjeron 1898 casos de violencia contra homosexuales. Si niños tan pequeños como el hijo de Alfred actúan como si los homosexuales fueran "no-personas", se puede esperar que esta horrible estadística aumente en los años venideros.

Y, como es cierto de cualquier forma de prejuicio, esta prevención va a erosionar la calidad de la vida de todos. A lo largo de sus vidas, nuestros hijos vivirán, trabajarán y se relacionarán con hombres y mujeres homosexuales; algunos, al crecer, descubrirán su propia orientación homosexual.

Evidentemente, sus años adultos serán más pacíficos y productivos si les damos los hechos relativos a la homosexualidad de manera que contrarreste las emociones negativas y los prejuicios que están esparcidos por nuestro mundo de hoy.

Examine sus propias actitudes

Si usted es un padre heterosexual con opiniones negativas acerca de la homosexualidad, es muy importante que haga un esfuerzo para pensar en sus sentimientos sobre este tema antes de hablar con sus hijos. La intención de este capítulo no es cambiar sus creencias, pero es mi esperanza poder animarlo a permitirles a sus hijos una actitud más tolerante.

Si tiene sentimientos violentos contra los homosexuales, tómese un momento para analizar por qué siente de esta manera. Muchas de las viejas creencias que pueden haberlo influido están cambiando. En 1973, por ejemplo, la Asociación Americana de Psiquiatría (de los Estados Unidos) quitó a la homosexualidad de la lista de desórdenes psicológicos, y en 1975 la Asociación Americana Psicología (también de los Estados Unidos) comenzó una campaña agresiva para quitarle a la homosexualidad la etiqueta de enfermedad mental. Además, la mayoría de las religiones actualmente están cambiando su política tradicional de condenar la homosexualidad, definiendo en cambio ahora a los homosexuales como "personas de valor sagrado". Quizá sus opiniones de la homosexualidad como una conducta desviada o inmoral no se han mantenido al ritmo de estos cambios. Cualesquiera sean sus sentimientos, es beneficioso para su hijo que le comunique una opinión tolerante, serena e imparcial de la homosexualidad.

Si usted es un padre heterosexual que tiene una postura desprejuiciada, seguramente podrá hablarles a sus hijos sobre la homosexualidad sin un prejuicio intencional. Sin embargo, también debe controlar su actitud antes de hablar. Muchas personas heterosexuales bien intencionadas expresan lástima por la orientación sexual en sí, más que indignación por el prejuicio que provoca. Por ejemplo, es importante no presentar la homosexualidad como un "problema" que tienen algunas personas. También necesita ser cuidadoso de no subrayar las dificultades sociales que experimenta el "pobre" homosexual. Los homosexuales no quieren la lástima de nadie; necesitan que se les acepte objetivamente, como seres humanos.

Además, puede transmitir involuntariamente mensajes negativos sobre la homosexualidad en la forma en que caracteriza a varones y mujeres. Por ejemplo, cuando su hijo está aprendiendo a patear una pelota, no diga: "Pateas como una nena. Dale algo de potencia". Y cuando su hija quiera trepar árboles o construir un fuerte, no la anime en cambio a jugar con las muñecas. Si usted no hace comentarios despreciativos sobre las conductas homosexuales, y si respeta los rasgos exclusivos de la personalidad de sus hijos, colocará una buena base para enseñarles a respetar a todos los seres humanos.

Si usted es un padre homosexual, con toda seguridad tiene necesidad de hablar directamente con sus hijos sobre la homosexualidad. Sin embargo, le parecerá que, como la mayoría de los padres y por lo tanto la mayoría de nuestros lectores no son homosexuales, la información que se ofrece aquí quizá no se aplica exactamente a su circunstancia. Pero seguramente encontrará algunas palabras que lo ayudarán a contestar las preguntas inevitables que harán sus hijos.

Tome en consideración la edad de su hijo

Las discusiones sobre la identidad sexual comienzan tan pronto como los niños aprenden a hablar. Le preguntábamos a nuestra hija de un año: "¿Eres varón o niña?" "¡Varón!", gritaba encantada, porque le resultaba más fácil pronunciarlo.

Cuando explicábamos: "No, eres una niña", comenzamos nuestras lecciones de identificación y función sexual que ahora continúan aumentando en detalle a medida que crece.

No obstante, sus discusiones de la homosexualidad van a ser diferentes en frecuencia y foco. A menos que su hijo esté viviendo con una pareja homosexual, el tema surgirá sólo ocasionalmente y la información se enfocará en otros. También es diferente el hecho que, aunque necesite discutir los detalles anatómicos del sexo reproductivo con sus hijos pequeños y preadolescentes, no hay ninguna razón para ofrecer detalles funcionales explícitos de la homosexualidad. En cambio, su conversación debe concentrarse más en el hecho de que los homosexuales son "diferentes" de algunas otras personas (no desviados ni inmorales) porque se enamoran de personas del mismo sexo.

Por supuesto, los niños de cuatro a siete años son capaces de entender los conceptos de amor y afecto. Use este conocimiento para explicar la homosexualidad de una manera sencilla. Podría decir: "Muchos hombres y mujeres se enamoran de otros hombres y algunas mujeres se enamoran de otras mujeres. Esto siempre ha sido así, desde el comienzo de los tiempos. Los adultos que aman a personas del mismo sexo se llaman homosexuales".

Los niños de ocho a doce años quizá quieran más información. Si parecen curiosos o hacen preguntas, déles la información específica que piden.

Busque los momentos pedagógicos

Igual que la sexualidad reproductiva, la homosexualidad no es un tema que se preste a largas conferencias repentinas. Se discute mejor durante momentos pedagógicos. La experiencia de Alfred con su hijo en el parque, es un ejemplo perfecto de un momento que le da a un padre la oportunidad de hablar de la homosexualidad. Estos niños tenían una razón expresa para escuchar y aprender.

Use los medios

Otros momentos pedagógicos se presentan todo el tiempo. Por ejemplo, la televisión, la radio y la prensa se enfocan a menudo sobre el tema de la homosexualidad. A comienzos de los noventa, la presencia de homosexuales en el ejército norteamericano y el debate sobre su derecho a estar ahí ha sido una gran noticia.

Use este tipo de acontecimiento noticioso preguntándoles a sus hijos, por ejemplo: "¿Saben por qué no se ha permitido homosexuales en las fuerzas armadas?"

Después puede ofrecer una explicación objetiva como: "Bueno, *homosexuales* significa que hombres y mujeres, constantemente, prefieren desarrollar relaciones emocionales y sexuales con personas del mismo sexo. Hay algunas personas que creen que si un hombre que está en el ejército se enamora de otro hombre que está en el ejército ambos serían incapaces de ser buenos soldados. No todos están de acuerdo en que ser homosexual tenga algo que ver con ser un buen soldado, y por eso es que hay tanta discusión sobre el tema."

Después de presentar la información complementaria básica respecto al informe de los medios, siga la iniciativa de sus hijos. Si quieren más información en este momento, harán preguntas, que usted contestará tan completamente como sea posible. Si no tienen más comentarios o preguntas, deje el tema, sabiendo que ha abierto la puerta a una posterior discusión en otro momento.

Use las experiencias cotidianas

Hay un gran debate sobre el verdadero número de homosexuales que hay en los Estados Unidos. Dependiendo de quién son las estadísticas que lea, representan una cifra entre el 2.3 y el 10 por ciento de la población. Cualquiera que sea el número exacto, es probable que sus hijos verán parejas homosexuales en algún momento. Cuando esto suceda, no distraiga su atención a otra cosa ni los regañe por ser curiosos con comentarios como "¡No mires!" En cambio, use la oportunidad para hablar de lo que ven.

Podría decir: "Esas dos mujeres están tomadas de la mano porque son homosexuales. Igual que a algunos hombres y mujeres les gusta tomarse de la mano para demostrarse afecto, a veces dos mujeres o dos hombres querrán demostrarse afecto en la misma forma. No es nada para quedarse mirando. Hay muchas personas como ellas dos que prefieren amar a alguien del mismo sexo. A quién prefiere amar otra persona no es realmente asunto nuestro."

Use los propios comentarios y preguntas de los niños

A menudo los propios niños son los que presentan otros momentos pedagógicos. ¿Usan palabras como "maricón" o "raro" cuando insultan a sus amigos? Si las usan, ésa es una oportunidad para que usted pregunte: "¿Sabes lo que quiere decir *maricón*?" Entonces explique: "Maricón es un nombre insultante para hablar de los homosexuales. ¿Sabes lo que es un homosexual?" Luego haga partir la discusión de allí, basado en la respuesta de su hijo.

Y, por supuesto, siempre es oportuno hablarles a sus niños de la homosexualidad cuando hacen preguntas sobre ella. Las siguientes preguntas y respuestas le darán una idea de cómo podría responder a algunas de las cosas sobre las que los niños frecuentemente se hacen preguntas. Si sus hijos le hicieran preguntas que no se mencionan aquí, recuerde la regla fundamental: conteste de una manera objetiva y realista que transmita tolerancia y aceptación de las diferencias entre las personas.

Preguntas comunes y respuestas sugeridas

Los niños de ocho a doce años tienen curiosidad respecto a la sexualidad humana y seguramente le harán preguntas sobre la homosexualidad. Ésta es su oportunidad para mostrarles a sus hijos que les dará contestaciones realistas y objetivas a las preguntas que quizá ellos mismos se sientan incómodos o avergonzados de hacer.

"¿Qué es un homosexual?"

"Los homosexuales son hombres y mujeres que constantemente prefieren desarrollar relaciones emocionales y sexuales con personas del mismo sexo. *Gay* es una palabra inglesa que se ha vuelto común en nuestro idioma y que significa *homosexual*, refiriéndose generalmente a los hombres. *Lesbiana* es una palabra que significa mujer *homosexual*."

"¿Por qué a los hombres gay
les gustan otros hombres?"

"Nadie sabe realmente por qué algunos adultos son homosexuales. Hoy, la mayoría de los investigadores cree que nacen así. Pero algunos piensan que tiene que ver más con las cosas que experimentan cuando están creciendo. Es como tratar de definir por qué un hombre y una mujer se sienten mutuamente atraídos... hay un montón de razones, y es difícil clasificarlas."

"Soy una niña y me gustan otras niñas.
¿Quiere decir que soy homosexual?"

"No. A todas las mujeres les gustan otras mujeres, y a todos los hombres les simpatizan otros hombres. No hay nada homosexual en estos sentimientos. La homosexualidad implica sentimientos muy intensos de amor, de afecto y de atracción física que los adultos pueden tener hacia alguien del mismo sexo. La homosexualidad no es evidente en niños de tu edad. Si cuando seas adolescente tienes cualquier preocupación respecto a tus sentimientos hacia otras niñas, volveremos a hablar de esto."

(En casos raros, los niños pueden saber que son homosexuales a temprana edad. Pero la mayoría es todavía demasiado joven como para saber con seguridad si su atracción hacia sus pares del mismo sexo se arraiga en la homosexualidad o en la simple amistad. Por lo tanto, es mejor aplazar una discusión sobre las tendencias sexuales personales hasta la adolescencia.)

"¿Por qué las personas gay contraen el SIDA?"

"El SIDA no es una enfermedad que afecte solamente a las personas *gay*. Tanto los homosexuales como los heterosexuales pueden infectarse con el virus que causa el SIDA."

"¿Cómo tienen relaciones los gay?"

"Hay muchas formas en las que las personas pueden demostrarse su amor. Como todos los demás, se abrazan, se besan y se tocan afectuosamente."

(No es necesario dar detalles explícitos de las actividades homosexuales a los niños de menos de doce años, a menos que se lo pregunten específicamente.)

La complejidad de la homosexualidad bien puede ser el tema de muchas conversaciones con sus hijos a medida que crecen. En este momento, lo más importante que puede comunicarles cuando hable de este tema es una actitud de aceptación y tolerancia.

Que sus hijos sepan que la homosexualidad no es una cosa buena ni mala: es una orientación sexual que no tiene nada que ver con el valor de la persona como ser humano. Esta actitud prepara a sus hijos a vivir pacíficamente con toda clase de personas diferentes en este mundo. También les hace saber a sus hijos que si sintieran tendencias homosexuales en ellos mismos, cuando crezcan, pueden hablar con usted al respecto sin temor de perder su amor.

Dinero y trabajo

Denise y Brad han establecido un presupuesto familiar que los ayuda a recortar sus gastos y a ahorrar dinero para comprar una casa. Pero de vez en cuando el dinero presupuestado se termina antes que la semana, y entonces Denise tiene que pasar por el banco a hacer un retiro.

Dice Denise: "Sé que a menudo he hecho un comentario delante de mi hija, algo así como: 'Oh, se me terminó el dinero. Tengo que pasar por el banco y sacar algo antes de que podamos ir a comprar comida'. Pero jamás pensé cómo lo interpretaría una niña de cinco años hasta el otro día. Le dije que no tenía dinero para gastar ahora en juguetes, y sin dudar un instante contestó: 'Bueno, ve al banco. Siempre te da dinero cuando lo necesitas'. Obviamente, era hora de dar una lección de finanzas."

La observación de esta niña de cinco años respecto de dónde proviene el dinero es muy típica de los niños pequeños. Desgraciadamente, demasiados niños crecen hasta convertirse en consumidores adolescentes y adultos que todavía no tienen una idea clara de cómo se gana, se ahorra o se gasta el dinero. Por esa razón, el uso y el mal uso del dinero es un tema que deberá discutirse con los hijos de todas las edades.

Por supuesto, los maestros en la escuela le enseñarán a los chicos la moneda nacional. Pero usted es quien le enseñará el valor del dinero. Principalmente, es su actitud personal hacia el dinero y el ejemplo que ofrece en el uso del dinero lo que les enseñará las lecciones más memorables.

Cómo su actitud modela los valores de sus hijos

Para bien o para mal, su actitud hacia el dinero se les pegará a sus chicos. Así que, antes de *decirles* a sus hijos que es importante saber cómo ganar, ahorrar y gastar dinero, tómese algún tiempo para pensar lo que ellos ven que usted *hace* con el dinero.

¿Tiene un presupuesto? ¿Su presupuesto incluye dinero para ahorrar? ¿Paga sus cuentas a tiempo? ¿Usa exageradamente sus tarjetas de crédito? ¿Compara antes de comprar? ¿Da dinero con regularidad a su organización eclesiástica o de caridad? Las respuestas a este tipo de preguntas le dirá qué les ha estado enseñando a sus hijos respecto al valor del dinero.

Si tiene algunos hábitos monetarios que le gustaría cambiar, ahora sería un buen momento para modificarlos y hablar en voz alta sobre su decisión. Podría admitir ante sus hijos: "Realmente me gustaría comprarme esta bicicleta, pero últimamente he estado gastando demasiado dinero. Pienso que por ahora la pasaré por alto y pondré el dinero

en el banco para pagar algunas de mis cuentas pendientes."
Son los ejemplos personales como éste los que enseñan las
actitudes hacia el dinero.

Una ida de compras rutinaria ofrece una oportunidad
perfecta para enseñar la economía de precios a niños de
cualquier edad. Si recorta cupones, que sus hijos lo ayuden
a recortarlos y explíqueles cómo los cupones le ahorran
dinero. Una vez que estén en la tienda, probablemente usted
lee las etiquetas de los precios y compara marcas y tamaños
cuando prefiere un artículo sobre otro. Así que, la próxima
vez, dígale a los niños qué es lo que está pensando. Cuando
elige un par de zapatos en lugar de otro porque la calidad
parece la misma pero el precio es menor, dígalo. Si decide
comprar una caja grande de cereales en lugar de cajitas
pequeñas porque el precio por unidad es mucho menor,
explíqueles sus razones a los niños. Cuando pague sus
compras, muéstrele a sus hijos el total, para que tengan una
idea de cuánto cuesta vivir.

Qué decir acerca de la finanzas familiares

Cómo comenta las finanzas familiares con sus hijos es una
cuestión personal. Algunas familias son muy francas respecto a cuánto ganan exactamente los padres y cuánto suman
sus cuentas mensuales. Otras familias no comparten esta
información con los hijos. Cualquiera sea su preferencia
personal, puede usar su propia situación financiera para
ayudar a que sus hijos entiendan las prioridades del dinero.

La toma de decisiones respecto al dinero

Busque oportunidades que les permitan a sus hijos tener cierto control financiero. Todos tenemos que tomar decisiones respecto al dinero. ¿Remodelaré la cocina o ahorraré para comprar un auto nuevo? ¿Debo ahorrar dinero para la educación universitaria de los chicos o debo pagar ahora una educación en una escuela privada? Los niños de ocho a once años deberían participar activamente en la toma de ciertas decisiones financieras de la familia.

Podría preguntarles:

"¿Quieres comprar dos pares de estos pantaloncitos o un par de éstos, de estilo más caro?"

"¿Quieres comprar dos cajas de galletitas de marca libre o una caja de una marca especial?"

Incluya a los niños al tomar decisiones en gastos familiares grandes. De vez en cuando, podría incluir a sus hijos en una decisión tal como el gasto del dinero para las vacaciones. Por ejemplo, podría decir: "¿Te gustaría pasar una semana en una casa en la playa o preferirías pasar una semana yendo todos los días a lugares como el zoológico y parques de diversiones? No podemos pagar las dos cosas. ¿Qué piensas?" Este tipo de oportunidad para tomar decisiones les da a los niños una sensación concreta de la responsabilidad financiera.

Qué decir cuando está sin trabajo

Si a usted o a su cónyuge lo despiden del trabajo, el aspecto financiero de la situación es una cuestión sobre la que deberían hablar con sus hijos. No hay razón para ocultárselos. En realidad, ellos se pueden beneficiar con la situación. Si siempre los ponen al abrigo de una mala noticia, jamás aprenderán que las familias están para compartir lo bueno y lo malo de la vida.

Dé a los niños información adecuada a su edad. Los niños pequeños sólo necesitan saber que: "Mamá ahora no tiene trabajo, pero está buscando uno nuevo." Después, todo lo que se necesita es un abrazo y asegurar sinceramente que todavía tienen dinero suficiente para seguir viviendo.

Los niños mayores pueden entender explicaciones más detalladas, como: "Mi compañía no ganó dinero suficiente el año pasado como para pagarles a todos sus empleados, así que cesaron a cien trabajadores y yo soy uno de ellos."

Prepare a sus hijos para los cambios venideros. Cuando les diga a sus hijos que está sin trabajo, asegúrese de explicar las consecuencias financieras del desempleo. Por ejemplo, *antes* de que lleguen los cumpleaños y las fiestas, explique: "Mientras estoy sin trabajo, me temo que no les podré comprar los grandes regalos que acostumbraba. Pero ¿qué les parece si encontramos una manera nueva de hacer que ese día sea especial?" Si simplemente compra un regalo simbólico, suponiendo que sus hijos entenderían, porque el mes pasado les dijo que tiene poco dinero, verá caras largas cuando desenvuelvan el regalo.

También podría tener que establecer nuevas tradiciones familiares. Éstas podrían incluir cambios tales como:

"Ya no vamos a cenar afuera todos los viernes, pero en cambio podemos aprender a hacer pizza y comer en casa." O: "Ahora no iremos mucho al cine, pero cocinaremos palomitas y alquilaremos películas."

Sea sincero respecto a la razón por la que está recortando gastos. Cuando esté preocupado por el gasto, dígales a sus hijos. Darles la información ayuda a tranquilizarlos, los cambios en sus hábitos de consumo no tienen nada que ver con sus sentimientos hacia ellos.

Una familia que conozco aprendió esta lección a la mala. Después de que los niños se acostaron, Michelle y Ted comenzaron a discutir sobre el tipo de pastel que debían comprar para la próxima fiesta de cumpleaños de su hijo. Michelle quería comprar un pastel en la pastelería, pero Ted quería que ahorrara dinero haciendo el pastel en casa. La discusión iba y venía, hasta que su hijo apareció en la puerta.

–Dejen de pelear –dijo–. No quiero ningún pastel para mi cumpleaños.

Por supuesto, la discusión no tenía nada que ver con sus sentimientos hacia su hijo, pero él no lo sabía. Si está apretado financieramente, no cierre la cartera sin una explicación.

Cómo manejar la mesada y los ahorros

El modelo de una actitud sana hacia el dinero y la conversación con sus hijos sobre las finanzas familiares son buenas maneras de comenzar a enseñarles el valor de un peso. Pero para influir realmente en la forma en que ellos ahorran y gastan dinero, los niños necesitan tener dinero propio.

¿A qué edad?

Cuando formule sus planes para la mesada, mantenga presente las siguientes consideraciones sobre la edad:

La mayoría de los preescolares no tienen un concepto real de lo que es el dinero o de cómo puede ser a veces mejor ahorrarlo en un puerquito en lugar de gastarlo todo de golpe. Si les da una mesada a sus preescolares, déjelos disfrutar la diversión del "día de pago", pero no espere mucho en términos de responsabilidad financiera.

Los niños de cinco a siete años están listos para captar el concepto del dinero. Son capaces de entender que hay que ahorrar para comprar artículos de precio alto, que algunos artículos son muy caros pero de poco valor, y que primero hay que ganar dinero, antes de gastarlo. Ésta es una buena edad para ofrecer una mesada.

Los chicos de ocho a once años están más preparados para captar más las complejidades del dinero. Están desarrollando su habilidad para tomar decisiones, lo que los ayudará a decidir si ahorran o gastan. Tienen más paciencia para ahorrar para algo que realmente quieren y pueden entender la forma en que opera el sistema bancario. Éste es un buen momento para ayudar a sus hijos a abrir sus propias cuentas de ahorro en el banco.

¿Dinero a cambio de quehaceres?

Muchas familias les dan una mesada a los niños como recompensa por hacer tareas domésticas. Esta práctica común ha perdido popularidad en los años recientes por una cantidad de razones. Este uso del dinero puede sabotear otra importante lección familiar: todos hacemos tareas domésticas porque pertenecemos a esta familia y nos ayudamos porque *debemos* hacerlo, no porque nos pagan.

Otra razón para no relacionar la mesada con los quehaceres es evitar un sistema de recompensa y castigo basado en el dinero. Si la mesada depende de que el niño saque basura todos los días, por ejemplo, entonces se deduce que "si no sacas la basura no recibes tu mesada". Esto convierte al dinero en un instrumento disciplinario, y los quehaceres se hacen sólo por la ganancia monetaria.

Helen y Bob siempre les habían pagado a sus dos hijos una mesada por hacer los quehaceres diarios. Este arreglo dio buen resultado hasta que Helen volvió a un trabajo de tiempo completo. Cuando explicó que este cambio en su horario significaba que necesitaría que los niños la reemplazaran e hicieran más cosas en la casa, se resistieron e insistieron ruidosamente en un aumento en su mesada.

"No vamos a hacer el trabajo extra sin que nos paguen", anunció el mayor. Esto suena egoísta, pero para estos varones era sólo razonable. Les habían enseñado a asociar los quehaceres con el dinero, no con la responsabilidad personal o familiar.

En general, es mejor darles a los hijos una mesada sin condiciones. Así como hacen las tareas domésticas porque son miembros de la familia que cooperan, reciben dinero como miembros de la familia a quienes usted les reconoce sus necesidades financieras.

Sin embargo, usted puede y debe ofrecer un dinero extra por un trabajo extra. Si quiere que limpie el garage, por ejemplo, y esta tarea no es uno de los quehaceres acostumbrados de su hijo, es apropiado pagar por el trabajo para ayudar al niño a ganar un dinero extra.

¿Cuánto?

La suma de la mesada del niño es una decisión de cada familia. Pero antes de que fije la cantidad, considere cómo se va a usar el dinero.

La mesada debe cubrir los gastos semanales fijos. Por ejemplo, si usted siempre paga la comida en la escuela, haga que sus hijos la paguen con dinero de su mesada. Esto les enseña que el dinero para la comida viene de alguna parte y que las necesidades como ésta agotan la provisión de dinero disponible para cosas más "divertidas".

Agregue algún dinero para gastar y ahorrar. Es este efectivo discrecional el que les enseñará a sus hijos a manejar el dinero.

La cantidad depende de sus recursos, por supuesto. Podría empezar a darles dinero a los cuatro años, aumentando la cantidad a los seis y después a los ocho. Los niños pequeños no necesitan mucho dinero, y darles una cantidad relativamente grande anularía el propósito de ayudarlos a darse cuenta del valor de un peso y olvidarse de las pequeñas compras, ahorrar y comprar artículos de precio más alto.

¿Gastar o ahorrar?

¿Les dice a los niños que ahorren su mesada, o los estimula a gastarla en algo para sí mismos? Su personal filosofía sobre el ahorro y el gasto determinará su respuesta a esta pregunta. También determinará si transmite la creencia de que a veces el dinero es más que sólo dinero. Por ejemplo, algunas personas amontonan dinero porque lo consideran una fuente de seguridad; otras lo gastan libremente porque han vinculado su autoestima a las posesiones materiales. En algún lugar entre ambos extremos está el término medio que usted quiere que encuentren sus hijos. Si se los indica, ordenando cómo deben ahorrar o gastar su dinero, les quita una valiosa oportunidad para aprender.

Anime a sus hijos a ahorrar algo y a gastar algo todas las semanas. Dé a los niños algunos consejos sensatos, pero déjeles la decisión final de qué hacer con el dinero. A medida que sus hijos comienzan a explorar su poder financiero, pronto se darán cuenta por sí mismos que gastar es la parte fácil y ahorrar requiere mayor esfuerzo.

Fije metas para ahorrar a corto plazo. Una vez que los niños están en edad escolar, pueden entender los beneficios de ahorrar dinero, pero sólo hasta cierto punto. Los niños entienden mejor y se benefician más con el ahorro para alcanzar metas a corto plazo, como un juguete pequeño. Pero no aprenderán nada sobre el valor del ahorro si intentan alcanzar metas a largo plazo, como la educación universitaria.

Dé a sus hijos tan sólo el dinero que siente que deberían gastar por semana, pero después ayúdelos a ver el valor de ahorrar algo también. Por ejemplo, si sus hijos quieren un par de patines de cien pesos, podría decirles: "Yo pagaré ochenta si tú ahorras los otros veinte." Este esfuerzo conjunto les demuestra a los niños que algunas compras deben ser aplazadas hasta que se ahorra suficiente dinero y les da una razón personal para querer ahorrar.

Haga del ahorro algo práctico, no algo doloroso. Si siente que es muy importante que sus hijos aparten dinero cada semana, añada a su mesada un "dinero especial para ahorrar". Explique que esta suma es sólo para ahorrar, pero que el resto pueden gastarlo o ahorrarlo según su deseo. De esta manera seguirán teniendo dinero para gastar y también tomarán el hábito de ahorrar.

Las cuentas bancarias son una buena idea para los niños de más de siete años. Para aprovechar el banco al máximo, sus chicos deberían tener su propia libreta e ir al banco con usted para hacer todas las transacciones. Esto ayuda a los niños a ver que los bancos no entregan simplemente dinero: primero se deposita, después se retira.

Una vez más, para aprender el valor del banco deje que sus hijos hagan ambas cosas: depositar y retirar. El ahorro tiene mala fama con los padres que insisten en que hay que depositar el dinero de sus hijos pero jamás retirar nada. Los preadolescentes son demasiado jóvenes como para apreciar los beneficios de este tipo de ahorro. Todo lo que aprenden es: "Si pongo mi dinero en el banco, jamás lo vuelvo a ver."

Dígale a su niño: "Cuando quieras ahorrar tu dinero para una compra especial o futura, te ayudaremos a depositarlo en el banco. Entonces, cuando quieras comprar algo que cuesta más de lo que tienes en casa, puedes retirar el dinero del banco." (Esto no quiere decir que usted debe permitirle a su hija gastar $ 500.00 en tenis, sólo porque la niña tiene esa cantidad de dinero en el banco. Todavía tiene la última palabra sobre lo que es una compra adecuada y lo que no lo es.)

Hablarle a los niños sobre el dinero es una conversación continua. Si usa como ejemplo sus propios hábitos de gasto y de ahorro, si habla de manera realista sobre las finanzas familiares y establece un sistema de mesadas que le dé a sus hijos el control sobre su propio dinero, poco a poco ellos se convertirán en consumidores adolescentes y adultos que saben cómo gastar y ahorrar prudentemente.

La pornografía

Janette estaba pasando los canales de televisión por cable, buscando algo para entretener a su hijo de cuatro años, cuando se encontró con algo que le chocó. Ahí en la pantalla había una exhibición pornográfica de varios hombres y mujeres que participaban en una orgía. Janette explicó: "El programa tenía 'interferencia', lo que se supone que impide que vean el espectáculo los que no son suscriptores. Pero, por supuesto, cualquiera podía darse cuenta de lo que estaba pasando. Cambié de estación rápidamente, pero estoy segura de que hay muchos padres que no tienen idea de que esta basura está entrando a sus hogares, ya sea que la quieran o no. Y estoy absolutamente segura que hay un montón de chiquillos que sí saben todo al respecto."

Sin duda, nuestros hijos viven en un mundo en el que hay fácil acceso a material sexualmente explícito en revistas y libros, así como en televisión y en las películas. Es prácticamente imposible escudar a los niños de todas las formas de pornografía, pues ésta está tan cerca como el puesto de revistas más próximo. Pero es posible estar alerta en nuestros esfuerzos por mantener la pornografía fuera de nuestros hogares y por ayudar a nuestros hijos a entender su naturaleza desviada y anormal.

Los niños pequeños, de menos de ocho años, que están supervisados cuidadosamente dentro y fuera del hogar tendrán poca oportunidad de ver material sexualmente explícito. Por lo tanto, sólo en la extraordinaria circunstancia de un contacto temprano, con ese material, necesitamos hablar de pornografía con niños de esa edad. A medida que los hijos crecen, sin embargo, naturalmente se vuelven más independientes y tienen más y más tiempo sin supervisión. Pueden pasarse una tarde en el parque con un amigo, pueden quedarse solos en casa mientras usted trabaja o sale, o quizá quieran pasar más tiempo solos en sus propios cuartos. Cualquiera de estas circunstancias deja a los niños en libertad para encontrar y explorar material pornográfico.

Cuándo hablarles a sus hijos sobre la pornografía

Hablar sobre pornografía con niños preadolescentes es una tarea delicada. Ciertamente, no es apropiado sacar muestras y comentarlas, porque en esta época es mejor todavía defender a estos niños de este tema. Pero también es un hecho que pueda ser muy perjudicial para la sexualidad en desarrollo de un niño si ve pornografía sin una explicación.

En primer lugar, es importante entender el rostro cambiante de la pornografía. El material explícito ya no se limita a las revistas de chicas que un quinceañero puede tener debajo de la cama. Hoy, la tendencia en la pornografía es mostrar violencia, degradación y humillación sexual más que la simple desnudez.

Los temas comunes incluyen sadismo, incesto, abuso infantil, violación y hasta asesinato.

Estas formas de pornografía afectan de varias maneras las actitudes de los niños hacia el sexo. Muestran un sexo despersonalizado y reducido a una función mecánica desprovista de todo sentimiento. Describen un sexo sin dignidad, sin respeto y sin amor. La pornografía glorifica el hedonismo y el egocentrismo, en lugar del amor, la ternura y el compromiso. Sugiere que no tiene nada de extraordinario atropellar sexualmente a otras persona, especialmente a las mujeres y a los niños. El sexo agresivo es descrito como normal y excitante. Éstos no son valores abstractos. Las investigaciones han demostrado una clara correlación entre el aumento en las ventas de pornografía y los delitos de violencia sexual entre los principios de los ochenta y los comienzos de los noventa.

En consecuencia, la pornografía es un tema que necesita comentar con sus preadolescentes en ciertas situaciones. Tales circunstancias incluirían que encontrara material pornográfico en la habitación de sus hijos, que los descubriera viendo programas de clasificación X (para adultos) o que creyera que es probable que sus amigos los pongan en contacto con material sexualmente explícito. Ésta fue la situación que decidió a Maryann a hablarle sobre este tema a su hijo de ocho años.

Una tarde de verano, Maryann estaba recorriendo el vecindario buscando a su gato. Cuando espió detrás de un viejo cobertizo, encontró a Shawn, su vecino de trece años, sentado en medio de una pila de revistas pornográficas.

Dice Maryann: "Pensé que no correspondía regañar o sermonear al chico, así que sólo le pregunté si había visto a mi gato y después seguí mi camino. Pero como mi hijo a menudo pasa tiempo con Shawn, me preocupó mucho que en esas tardes en que yo pensaba que estaban dedicados a juegos de video estuvieran realmente mirando esa basura." Maryann tuvo una razón para hablarle a su hijo pequeño sobre la pornografía y decirle lo que pensaba al respecto.

Qué decir sobre la pornografía

Cualquier circunstancia que lo lleve a hablarle a sus preadolescentes sobre la pornografía, hágalo sin enojo. Seguramente, la raíz de su interés en este tipo de material es la curiosidad, así que ofrecer información directa es una buena manera de empezar.

La desnudez

Si el material en cuestión son fotos de hombres o mujeres desnudos y solos, comience su comentario con una observación positiva sobre el cuerpo humano. Podría decir: "Sí, el cuerpo [femenino o masculino] es muy hermoso". Dígales a sus hijos que los grandes museos de arte están llenos de pinturas y esculturas de cuerpos desnudos.

Después explique: "Sin embargo, cuando la desnudez se presenta públicamente sólo para la excitación sexual –que es una cuestión privada y personal–, entonces se le llama 'pornografía'. La pornografía no está dirigida a los jovencitos. En realidad, va contra las leyes vender material pornográfico a los menores, así que no quiero que vuelvas a leer este tipo de material."

La cópula heterosexual

Si el material que lo hace hablar con sus preadolescentes de la pornografía incluye la cópula entre un hombre y una mujer, su comentario debería revisar (o presentar) los hechos de la vida. Dígales a sus hijos que, aunque la cópula es un acto perfectamente normal entre un hombre y una mujer, lo que describen estas fotos (o escenas de película) se llama pornografía porque les faltan los elementos más importantes del acto sexual humano. Este tipo de pornografía sugiere que la cópula es impersonal y está desprovista de amor y ternura, y no es así.

Sus hijos pequeños no tienen lineamientos para juzgar lo que está mal en esta área, así que enséñeles lo que usted cree. Dígales: "La pornografía toma algo que es gentil y hermoso y lo convierte en algo feo y degradante. Una de las cosas que nos separa de los animales es que no copulamos en público. Las personas que hacen esto no están participando en el tipo de relación amorosa que tú querrás tener cuando crezcas y te enamores."

Después deje que sus hijos sepan que el sexo en sí no es un tema prohibido. Diga: "Me dará gusto contestar cualquier pregunta que puedas tener sobre las relaciones sexuales, o si lo prefieres puedo buscar algunos libros bien escritos sobre el tema. Pero es muy importante que comprendas que lo que es bueno y placentero en la sexualidad humana no es lo que está representado en el material pornográfico."

Actividades homosexuales

Si encuentra a sus hijos viendo pornografía que muestra actividades homosexuales, es seguro que necesitará una explicación de lo que está pasando. Así como explicaría la pornografía heterosexual, necesitará explicar la naturaleza distorsionada de lo que han visto. Recuérdeles a sus hijos que cualquier acto sexual es un hecho privado y personal que se abarata al ser exhibido públicamente. Subraye que usted no aprueba la pornografía de ninguna clase y que no se permite en su casa.

La pornografía infantil, la bestialidad y el sexo violento

Si sus hijos tienen en sus manos pornografía que describe lo que llamaré actos sexuales "normales", su meta es explicar que, aunque hombres y mujeres tienen cuerpos hermosos y el acto de la cópula es una actividad muy natural y universal, no deben ser exhibidos para entretenimiento de los demás. Debe transmitir este mensaje sin enojo; es una lección cuya intención es ayudar a los jovencitos a poner la sexualidad humana en su perspectiva adecuada, no a llenarlos de culpa.

Por otra parte, si sus hijos encuentran pornografía que muestra actos "anormales", tales como pornografía infantil, bestialidad o actos sexuales violentos, es preciso decirles inmediatamente que esto no es el sexo.

Este tipo de pornografía es especialmente peligrosa para la moralidad en desarrollo de nuestros hijos. Les da una falsa impresión de la forma en que hombres y mujeres normales, civilizados, practican su actividad sexual. También puede interferir en la capacidad del niño de desarrollar una actitud sexual sana, porque presenta como modelos de conducta a personas sexualmente enfermas, y enfatiza la perversidad y la crueldad como normas. Si encuentra a sus hijos con este tipo de material, les debe decir en términos inequívocos que esto no es normal y es inaceptable.

Sin enojo y sin acusarlos, pero sin embargo con una actitud firme, dígales a sus hijos que este tipo de pornografía es pura basura. Adviértales que es obra de personas muy desequilibradas: "Ésta no es una forma sana de expresar los sentimientos sexuales. Es el tipo de actividad sexual en la que ustedes jamás participarán, así que tiremos esto y prométanme que no volverán a utilizar su tiempo mirando semejante basura."

Después asegúreles a sus hijos que no está enojado con ellos. Como nunca había hablado antes de este tema, no puede regañarlos por su curiosidad (aunque seguramente tenían un indicio de que éste no era un material que usted aprobaría). Pero hágales saber que si vuelven a pasar tiempo con material pornográfico en el futuro, usted se enojará mucho y sin duda va a castigarlos por desobedientes.

La experiencia de ver material pornográfico sin explicaciones paternas puede perjudicar a los niños física y emocionalmente. Para proteger a nuestros hijos de esta experiencia, debemos hacer un esfuerzo por mantener el material pornográfico fuera de nuestros hogares, controlando lo que ven por televisión o lo que llega en la correspondencia. Debemos ayudar a los niños a entender que la pornografia es una representación anormal y desviada de la sexualidad humana.

La pubertad

Jill y Fred se rieron a morir la tarde en que compartieron sus experiencias de "introducción a la pubertad". Dice Jill, riéndose: "Recuerdo vívidamente el día que volví a casa, estando en séptimo año, y encontré sangre en mi ropa interior. Estaba segura de tener alguna enfermedad rara y de que me iba a morir. Pero, incluso en mi pánico, me horrorizaba la idea de decirle a mi madre, porque no quería que ella viera mi ropa sucia. Simplemente era demasiado vergonzoso como para imaginarlo."

Dice Fred: "Pienso que sentí lo mismo la mañana en que me desperté y descubrí mis sábanas húmedas y mi ropa interior pegajosa. Estaba tan confundido y avergonzado. Todo lo que sabía era que había sucedido algo 'horrible' y no quería que nadie lo supiera."

Aunque ahora se ríen de su ingenuidad, tanto Jill como Fred juran que educarán a sus propios hijos de manera diferente. Fred admite: "Pienso que me sentiré incómodo hablándole a nuestro hijo sobre cosas como los sueños húmedos, pero voy a decirle todo lo que sé acerca de los cambios que tendrá su cuerpo durante la pubertad, porque no quiero que jamás sienta la vergüenza y la confusión que sentí yo siendo niño."

¿Cómo se enteró usted de los cambios corporales que ocurren durante la pubertad? No podemos decir que haya una mejor manera de darle esta información a un niño, pero sí sabemos que ustedes –los padres del niño– deberían ser una fuente fundamental de información. Los libros, las películas, las lecciones de la escuela y los amigos son todas entradas de explicaciones, pero para que sean verdaderamente útiles para su hijo, estas fuentes deberían servir como un agregado a sus propias discusiones.

¿Qué es exactamente la pubertad?

La pubertad es un periodo de tiempo durante el cual un niño alcanza la madurez sexual y adquiere la capacidad de la reproducción. El comienzo de la pubertad no está dictado por una edad específica, sino más bien por ciertos cambios físicos y emocionales que pueden ocurrir en el curso de varios años. El proceso es diferente en cada niño. En las niñas, la primera señal física de la pubertad aparece generalmente entre los nueve y los trece años. En los varones, generalmente entre los diez y los catorce. Pero nadie puede decir, por ejemplo, que todas las niñas deberían tener vello en las axilas a los quince años; o los jóvenes, barba a los diecisiete. Algunos adolescentes desarrollan todas sus características sexuales temprano y rápidamente; otros maduran después y más lentamente. Cualquiera de los dos procesos (y todas las variantes intermedias) es perfectamente normal.

Como usted no puede estar seguro de cuándo entrará su hijo a la pubertad, es muy tentador aplazar la conversación sobre el tema. Desgraciadamente, si espera hasta ver las señales físicas del cambio, puede llegar muy tarde para ayudar a su hijo a evitar el temor y la vergüenza que causan las sorpresas como las de Jill y Fred. Así que trate de discutir la pubertad antes de que ocurra, alrededor de los nueve años. Recuerde: está hablando sobre la forma en que crece el cuerpo humano: es un hecho de la vida universal. Así que no esquive el tema.

Cómo hablar de la pubertad

Aunque la pubertad es tan natural e inevitable como el amanecer, podría desear pensar por adelantado cómo presentarle el tema a sus hijos.

Conozca los hechos. No necesita un título universitario en sexualidad humana para hablarle a los chicos sobre la pubertad, pero debe conocer los hechos básicos acerca de los cambios físicos y emocionales que causa. Cuando tenga claro lo que sucede, es mejor que retransmita la información en lenguaje claro, fácil de entender, y que pueda contestar las preguntas que probablemente le harán los niños.

Manténgase animado y concreto. No sería la única si considerara que el ciclo menstrual femenino es una "maldición" ni sería el único en pensar que la erección involuntaria es un fastidio vergonzoso. Cuando le hable a los niños sobre estos hechos, sin embargo, es importante que mantenga una actitud positiva. Sus hijos necesitan escuchar de usted que los cambios provocados por la pubertad son señales de un desarrollo normal, sano.

La autoimagen y el sentido de autoestima de un / una joven adolescente puede llegar a conectarse muy estrechamente con su capacidad para aceptar los cambios corporales que señalan una sexualidad en crecimiento. Usted puede fomentar una autoimagen fuerte al transmitir el mensaje de que los cambios corporales que experimentará su hijo son una parte del excitante proceso de crecer.

Use momentos pedagógicos para sus discusiones abiertas. Igual que "los pájaros y las abejas", la pubertad no es tema adecuado para discutirlo una sola vez. Sus chicos necesitarán distinta información en momentos diferentes de su pubertad. Olvidarán lo que les dijo la primera vez, y necesitarán que les asegure que sus experiencias durante la pubertad son normales.

Para mantener discusiones sobre la pubertad que tengan un impacto sobre sus hijos, vincule sus conversaciones con otras cosas que ocurren en la vida de ellos.

- Si su hijo o hija encuentra una caja de toallas sanitarias en el gabinete del baño y pregunta qué es, use esto como una oportunidad para hablar sobre la menstruación (cualquiera que sea el sexo del niño, sus hijos deberían saber tanto sobre el cuerpo masculino como del femenino).

- Si están en el parque y ven un perro con una erección, use esta experiencia para hablar sobre las erecciones humanas.
- Si ven a una mujer amamantando, hable sobre el desarrollo y función de los senos femeninos.

Estos son momentos pedagógicos que abren la puerta a las conversaciones entre padres e hijos.

Discuta la información proporcionada en la escuela. Además de los momentos pedagógicos, podría relacionar sus conversaciones sobre la pubertad con las lecciones que recibe su hijo en el aula. Llame a la escuela y pida los lineamientos del programa de salud (o el curso de vida familiar, o educación sexual, o cualquier nombre que usen). Busque si los cambios físicos y emocionales de la pubertad son parte de estas lecciones y cuándo. Si la escuela cubre esta información, use la lección del aula como su plataforma de lanzamiento. Pregúntele a su hijo o a la maestra cuándo se trata el tema de la pubertad y entonces permita que en ese momento su hijo dirija la discusión.

Usted podría preguntar:

- "¿Qué es lo que dice tu libro que les sucede a varones y mujeres cuando alcanzan la pubertad?"
- "¿Entiendes lo que dijo tu maestra sobre la eyaculación?"
- "¿Has notado que ocurra en tu cuerpo cualquiera de estos cambios?"

Muestre, con su tono casual y su actitud práctica, que está abierto a conversar sobre la pubertad, y asegúrele a sus hijos que si tienen cualquier pregunta en cualquier momento, deben sentir la confianza de pedirle a usted las respuestas.

Todo sobre las niñas

Aunque los órganos reproductivos de la mujer están básicamente ocultos dentro del cuerpo, hay algunos cambios físicos externos que sus hijas notarán durante la pubertad:

Primero las caderas comienzan a ensancharse y los senos comienzan a desarrollarse (asegúrese de decirle a sus hijas que es normal que un seno crezca más rápidamente que el otro).

Después aparecerá el vello en las axilas y el área genital.

La estatura aumenta hasta siete centímetros, y las manos y los pies pueden parecer desproporcionadamente grandes porque crecen más rápido que el resto del cuerpo (éste es el momento en que sus hijas pueden abandonar el boliche para no tener que poner en evidencia el tamaño de los zapatos. También pueden empezar a encorvarse para disimular el hecho de que son más altas que los varones).

La piel se vuelve más gruesa, más grasosa y a veces granujienta, y aumenta la transpiración (éste es un buen momento para volver a insistir en la higiene personal).

Finalmente, uno, dos o dos años y medio después de que comienza el desarrollo de los senos, su hija comenzará a menstruar.

A propósito de la menstruación

Antes de que su hija menstrúe, hágale saber lo que sucede todos los meses en el cuerpo de una mujer y por qué. A menos que las amigas de su hija ya estén hablando de la menstruación, generalmente las niñas no piden esta información. Así que usted tiene que sacar el tema en un momento en que las dos estén solas y dispongan de algún tiempo sin interrupciones. Éste no es el momento para una conferencia, sino más bien el momento para abrir la puerta a discusiones frecuentes y concretas.

La clave para establecer una actitud positiva, de aceptación hacia la menstruación, está en la forma en que prepare a su hija por adelantado. Poco después de que usted note el desarrollo de las caderas y de los senos, es tiempo de hablar sobre el inevitable periodo mensual.

Más que empezar su charla con una explicación de los ovarios y los óvulos, es mejor comenzar con la parte de la menstruación que más afecta a su hija: el sangrado mensual. Algunas niñas ya saben de los periodos mensuales por sus amigas o las lecciones de la escuela, pero usted querrá estar segura de que su hija posee los datos correctos.

Muéstrele a sus hija sus propios tampones y toallas sanitarias y explique: "Éstos son productos que absorben la sangre que sale del útero de una mujer y a través de la vagina todos los meses. Este sangrado mensual se llama menstruación. Como estás creciendo, pronto comenzarás a menstruar y no quiero que te asustes cuando veas sangre. Quiero que sepas que es perfectamente normal y una buena señal de que te estás convirtiendo en una mujer sana."

Póngase usted misma como modelo (si usted es el papá, hable de las mujeres en general). "Todos los meses, sangro a través de mi vagina durante unos cuatro o cinco días. Pongo un tampón en mi vagina para absorber la sangre y pongo una toalla en mis pantaletas para atrapar cualquier sangre que escurra. Me cambio el tampón cuando pasan unas horas."

A estas alturas, sus hijas le preguntarán por qué pasa esto o le dirán que ya saben de los periodos. En cualquier caso, continúe:

"Como aparecerá tu periodo mensual en algún momento del próximo año o del siguiente, pienso que es importante que sepas por qué las mujeres sangramos así."

Las mujeres nacen con una provisión de óvulos en sus ovarios. Empezando, durante la pubescencia, un huevo es liberado casi cada veintiocho días por uno de los ovarios. Ese óvulo viaja a través de la trompa, desde el ovario al útero. Éste se prepara a recibirlo creando un revestimiento compuesto de sangre, otros fluidos y substancias. Si el óvulo es fertilizado, como resultado de la cópula sexual, empieza a ser implantado en el interior y un bebé se desarrolla. Si el huevo no es fecundado, el revestimiento se disuelve y es expulsado como flujo menstrual a través de la vagina.

Es muy importante platicarle a su hija qué hacer cuando se inicia la primera menstruación. Asegúrele que cuando detecte la primera pizca de sangre, tampoco necesita preocuparse. Si está fuera de casa, debe solicitar ayuda a la enfermera del colegio o ir al cuarto de baño más cercano por un cojín sanitario o un tampón higiénico.

Enfatice el aspecto normal de la menstruación y aliente a su hija a que le informe de inmediato si ve cualquier cantidad de sangre o hasta manchas café en su ropa interior, cuando se seca, después de la micción.

He aquí algunas preguntas posibles y las respuestas sugeridas.

"¿Cuánta sangre sale?"

"La descarga menstrual es más pesada durante los primeros días, llega a alcanzar casi media taza, pero sólo hay entre cuatro a seis cucharadas de sangre. Lo demás está compuesto, sobre todo, de revestimiento extrauterino, lo cual explica por qué el derrame, a menudo, es de color pardusco."

"¿Podré ir a la clase de gimnasia y jugar afuera?"

"La menstruación es una parte normal de la vida de todas las mujeres y no hay ninguna razón para cambiar cualquier parte de tu programa diario en ese momento. Puedes bañarte, bailar, correr, hacer ejercicios, nadar y jugar sin preocuparte."

"¿Me sentiré enferma?"

"La mayoría de las mujeres se siente perfectamente bien durante su periodo. Algunas sienten algunos cólicos abdominales, pero un ejercicio ligero o un cojincito caliente generalmente alivia el malestar. Otras se sienten un poquito alteradas o tensas antes del comienzo del periodo. La razón de esto es simple: las hormonas femeninas –estrógeno y progesterona– que hacen que se engrose el forro del útero generalmente te hacen sentir especialmente bien. Justo antes de que empiece la menstruación, la producción de estas hormonas disminuye, lo que resulta en una sensación de aplastamiento. Esta sensación es estrictamente temporal y desaparece cuando comienza la menstruación."

"¿Tendré el periodo por el resto de mi vida?"

"Las mujeres no menstrúan durante el embarazo, pero de lo contrario, generalmente tienen periodos todos los meses hasta que tienen unos cincuenta años. El final de la menstruación, llamado menopausia, generalmente ocurre entre los cuarenta y cinco y los cincuenta años.

"Hay algunos factores, como una tensión extrema o dietas o ejercicios excesivos, que pueden interrumpir el ciclo menstrual normal. Si alguna vez te falta un periodo, dímelo para que pueda ayudarte a saber por qué."

Todo sobre los varones

El ingreso de los varones a la pubertad comienza con cambios físicos lentos pero firmes que afectan su tamaño y apariencia. Primero debería hablarle a su hijo de los cambios de los que estará más agudamente consciente. Éstos son los principales:

- *Piel.* Durante la pubertad, pueden comenzar a aparecer granos en la cara y a menudo en la espalda. En aproximadamente un setenta por ciento de los adolescentes (especialmente varones) el acné se convertirá en un problema.
- *Pecho.* Las tetillas de un varón pueden agrandarse ligeramente y ponerse sensibles temporalmente. Asegúrele a su hijo que si esto sucede, es perfectamente normal y pasará pronto.
- *Voz.* Durante la pubertad, la voz masculina se vuelve más profunda, pero durante la transición puede quebrarse o chillar ocasionalmente. Que su hijo sepa que esto es de esperar y que no debe sentirse avergonzado cuando suceda.
- *Vello corporal.* Advierta a su hijo que pronto comenzará a crecerle vello en su área genital, debajo de los brazos, en el pecho y finalmente en la cara.
- *Glándulas sudoríparas.* Éste es el momento de poner énfasis en una buena higiene y de introducir el desodorante, porque ahora los varones comenzarán a transpirar más.
- *Tamaño.* A medida que su varón aumenta rápidamente de tamaño y peso durante la pubertad, puede descubrir que temporalmente pierde cierta coordinación física y que a veces se siente torpe. También debe saber que algunos varones crecen temprano y rápidamente, otros crecen más tarde y lentamente, y ambas cosas son perfectamente normales.

- *Genitales.* A medida que el cuerpo masculino desarrolla su sexualidad, primero comienzan a agrandarse el escroto y los testículos. Posteriormente, el propio pene aumenta de tamaño.

Alrededor de un año después del comienzo de estos cambios, generalmente los varones adquieren la capacidad de producir y eyacular esperma. Esto ocurre típicamente durante la masturbación o un sueño húmedo. A menudo, la primera eyaculación de un varón ocurre como una sorpresa o una confirmación de la charla en los vestidores. Su hijo aceptará de manera positiva los cambios corporales de la pubertad si usted le dice de antemano que pronto será capaz de producir esperma y de eyacularlo. Quizá su hijo se sienta incómodo al discutir la eyaculación, pero también se sentirá aliviado al saber que puede hablar con usted de *cualquier cosa* durante este periodo de cambio. Aquí están algunas preguntas que podría esperar y las respuestas sugeridas.

"¿Cómo sucede la erección?"

"Las erecciones suceden cuando el pene se agranda, se endurece y se mantiene erecto. Igual que los bostezos, las erecciones son muy normales y a menudo involuntarias. Son parte natural de ser varón. Durante la adolescencia, el pene se vuelve más sensible, y las erecciones ocurren con más frecuencia, a veces sin razón aparente. Aunque esto puede ser incómodo, es normal. Generalmente las erecciones se producen de tres formas:

"Cuando un varón está sexualmente excitado, la sangre llena los tejidos esponjosos del pene, lo que hace que se agrande.

"Mientras está dormido, un varón puede experimentar una acumulación de semen que le dará una erección.

"La vejiga llena de orina puede presionar los órganos reproductivos y hacer que el pene se ponga erecto. Por eso es que los varones, desde la infancia hasta la edad adulta, a menudo despiertan en la mañana con una erección."

"¿Qué significa 'venirse'?"

"Cuando un hombre está excitado sexualmente, puede alcanzar un pico de excitación que puede terminar con un orgasmo. Tener un orgasmo se llama 'venirse'. Cuando un hombre tiene un orgasmo, los músculos del pene se contraen y se relajan mientras un fluido blancuzco y pegajoso llamado semen sale de la punta a borbotones cortos. Esto se llama eyaculación. La eyaculación puede resultar de la estimulación sexual de la masturbación o de una relación sexual. Luego de ésta, el pene vuelve a su tamaño normal."

"¿Por qué algunos hombres tienen el pene grande y otros lo tienen pequeño?"

"No existe un pene 'normal'. El tamaño y apariencia de los órganos sexuales externos son diferentes en cada persona. El tamaño y la forma no tienen nada que ver con el placer sexual o con la masculinidad."

"Si no me vengo cuando tengo una erección, ¿me puedo enfermar o lastimar el pene?"

"No. Si la erección dura mucho tiempo, puedes tener una sensación sorda, de sensibilidad, de hinchazón, especialmente en los testículos, cuando el pene vuelve a ponerse blando. Esta sensación es breve, no es perjudicial, ni te va a enfermar ni va a hacerle daño a tu pene."

"¿Qué es un sueño húmedo?"

"Los sueños húmedos suceden cuando eyaculas mientras estás dormido. Son una forma en que el cuerpo de un hombre se libera del esperma excesivo, y son muy normales. Si te despiertas en la mañana y descubres que has tenido un sueño húmedo, sólo quita las sábanas y ponlas en el lavadero, junto con tu pijama (o en el lavarropa, o en lo que sea). No te sientas avergonzado. Tu mamá y yo esperamos que esto suceda porque ahora estás creciendo."

El lado emocional de la pubertad

Hay un aspecto de la pubertad que afecta a varones y niñas de manera muy parecida. Junto con los cambios en ciertas partes del cuerpo y la fisiología del desarrollo sexual, la pubertad trae consigo todo un nuevo conjunto de emociones, sentimientos y preocupaciones. Sus jóvenes adultos se preocuparán excesivamente por su apariencia (precisamente en un momento en que se sienten completamente sin atractivo), incesantemente compararán su desarrollo físico con el de sus amigos (que generalmente está atrasado o adelantado respecto del suyo propio), y experimentarán nuevas y a veces atemorizantes sensaciones sexuales sobre las que no están preparados para actuar.

Tenga paciencia con sus chicos. Crecer hasta convertirse en un cuerpo adulto es un proceso excitante, pero también puede causar tensiones e inseguridades que sólo estos jóvenes pueden comprender plenamente.

Durante esta época de sus vidas, el don más valioso que puede darles a sus hijos es la autoestima. Dé seguridad repetidamente respecto a sus cualidades atractivas. Hágales saber que no están solos en sus sentimientos confusos. Y asegúreles una y otra vez que está listo para escuchar sus preocupaciones y responder a sus preguntas.

Los riesgos y la posibilidad de fracasar

Cuando mi hijo tenía tres meses, lo dejé con mis padres mientras mi esposo y yo nos escapábamos para pasar un fin de semana solos. Fue la primera vez que hice equilibrio sobre esa delgada línea entre ser sensatamente precavida y ser sobreprotectora. Me preocupaba la comodidad de mi bebé en el ambiente "extraño", sus sentimientos al separarse de mí, la alteración de su programa, y cientos de cosas más. Pero, finalmente, corrí el riesgo y dije adiós, con los dedos cruzados.

A pesar de mis temores, ese fin de semana resultó ser una buena experiencia para todos nosotros.

Diecisiete años después, me encontré haciendo equilibrio sobre esa misma línea. En su primer año de preparatoria, mi hijo fue elegido para representar a su escuela en una reunión especial de adolescentes en Washington, D.C. Aunque me sentía orgullosa de sus logros, me parecía terriblemente arriesgado poner al chico solo en un avión y mandarlo a pasar una semana con desconocidos. Si se quedaba en casa, estaría seguro y evitaría la probabilidad de herirse o perderse, o de sentirse solo. Pero yo sabía que también perdería la oportunidad de tener una aventura, conocimiento y desarrollo. Así que decidí animarlo a correr el riesgo y nuevamente dije adiós y crucé los dedos.

Entre estos dos acontecimientos ha habido incontables experiencias que implican riesgo y de manera vacilante he animado a mis hijos a hacer el intento: aprender a caminar, montar en bicicleta, trepar a los árboles, andar en patineta, patinar sobre hielo, jugar al futbol, actuar en la obra de la escuela y hacer citas con las chicas. Con cada aventura, me pregunto: ¿hasta dónde llegamos para proteger a nuestros hijos y cuánto deberíamos estimularlos a explorar cosas nuevas? Es difícil identificar la respuesta porque, paradójicamente, parte de nuestra tarea como padres es mantener a nuestros hijos física y emocionalmente a salvo, y sin embargo otra parte es permitirles la libertad de aventurarse en lugares y situaciones en los que pueden resultar heridos.

Cuando nuestros hijos son muy pequeños, podemos evaluar el grado de riesgo y decidir por ellos hasta dónde deben aventurarse en terreno peligroso (el mayor obstáculo en esta época es a menudo nuestro propio temor). Pero ¿qué le dice un padre a un niño de once años que quiere dar saltos mortales en el parque de diversiones, o a otro de ocho años que no quiere ingresar al equipo de beisbol porque teme que será un mal jugador? Bueno, a través de los años he aprendido que antes de hablarles a los chicos acerca de correr riesgos, usted necesita determinar si la empresa es lo que llamo un "riesgo razonable".

Correr riesgos razonables

Existe un riesgo razonable cuando los posibles beneficios superan la pérdida potencial. Usted puede enseñarles a los niños entre los cinco y los once años a correr riesgos razonables, hablándoles de las nuevas actividades y circunstancias exigentes a medida que aparecen en sus vidas. Si sus hijos están tomando en consideración una decisión que implica un elemento de riesgo, hágales estas preguntas y después ayúdelos a calcular las respuestas:

- "¿Cuáles son tus posibilidades de tener éxito en esto?"
- "¿Qué riesgo implica?"
- "¿Cuáles son los beneficios que obtendrás?"
- "Las cosas buenas que obtendrás, ¿justifican el riesgo?"

Una historia acerca de Charles Lindbergh ilustra este enfoque respecto al riesgo. Parece que los hijos de Lindbergh una vez le pidieron permiso para trepar a un árbol espantosamente alto. Respondió: "¿Cómo van a subir?"

Scott, el de doce años, señaló y dijo:

—Primero esta rama, después aquélla.

—Después de eso van a estar atascados, ¿verdad? —insistió Lindbergh.

Los niños estuvieron de acuerdo, tristemente. Sólo cuando hubieron calculado sus probabilidades en varias rutas para subir al árbol su padre les dio su consentimiento. Luego le dijo a un amigo que observaba:

–Deben aprender a correr riesgos calculados, en tanto resuelven todo por adelantado y no se lanzan de manera temeraria.

A los niños que corren riesgos imprudentemente les benefician los diálogos que los ayudan a aprender a pensar en el riesgo. Los imprudentes parecen no temer a nada. Desde el momento en que tienen movilidad, se cuelgan de las ventanas, trepan a lugares altos y saltan antes de mirar. Habitualmente, estos osados corren riesgos irrazonables que los ponen en situaciones peligrosas en las que no se puede obtener nada positivo. En estas situaciones, cuando el riesgo presenta cierto peligro, por supuesto usted necesita adoptar una actitud firme en contra de la actividad. Pero en otros momentos, cuando el riesgo es manejable, use las preguntas anteriores para ayudar a sus hijos a practicar la reflexión sobre los riesgos involucrados antes de que se lancen a hacer algo. Una vez que adquieran el hábito de pensar primero, descubrirá que comenzarán a distinguir por sí mismos entre un riesgo imprudente y un riesgo razonable.

El estímulo a tomar riesgos

Algunos niños son exageradamente cautelosos y evitan por completo toda situación riesgosa. En lugar de correr riesgos, estos niños prefieren mantenerse en la "zona de comodidad" –un ambiente seguro– aunque signifique la mediocridad y el aburrimiento.

Si sus hijos son exageradamente cautelosos, necesita hablarles sobre las situaciones que están evitando, aunque las experiencias contribuirían a su desarrollo emocional y/o físico. Esto podría suceder en el aula, donde sus hijos no levantan la mano para arriesgarse a ofrecer una respuesta; o en un programa deportivo, donde ni siquiera harán el intento; o en las lecciones de música, donde no tocarían para un público.

Cuando vea que se está desarrollando este patrón de precaución, hable respecto a los riesgos involucrados, las posibles consecuencias (buenas y malas) y las formas de disfrutar las buenas y enfrentar las malas. Pregúntele a sus hijos:

- "¿Qué te preocupa que suceda si haces esto?"
- "¿Cómo te sentirías si hicieras un intento y lo hicieras muy bien?"
- "¿Cómo te sentirías si hicieras el intento y lo hicieras mal?"
- "¿Cómo te sentirías si no haces ningún intento?"

Dejar que sus hijos expresen verbalmente sus sentimientos respecto a evitar riesgos puede ayudarlos a ver que se están perdiendo de cosas divertidas por temor, más que por falta de interés.

Jack Henderson hizo la prueba de esto con su hija de diez años. Durante todo el invierno, Myrna había estado esperando con ansia su primer año en un equipo de *softball* y hablando excitadamente de sus planes y aspiraciones. Pero a medida que se acercaba el día inaugural, Myrna comenzó a retroceder.

Recuerda Jack: "Yo estaba muy sorprendido, porque sabía que Myrna quería jugar. Mi primera inclinación fue dejarla tomar su propia decisión y no impulsarla hacia algo que no estaba segura de querer. Después recordé cuánto había deseado realmente jugar y decidí tratar de hacerla hablar sobre las razones para haber cambiado de decisión."

Jack le preguntó a Myrna cómo se sentiría a propósito del juego si estuviera segura de que comenzaría siendo paradora en corto. Después le preguntó cómo se sentiría si tuviera que estar sentada en la banca durante parte de cada juego. Continuó haciéndole preguntas sobre sus temores y sentimientos para ayudarla a ver qué si no corría el riesgo de estar sentada en la banca, no tendría la oportunidad de gozar jamás la sensación de ser paradora en corto. Resultó que una vez que Myrna habló de sus temores, se sintió más confiada en su habilidad para correr el riesgo y afrontar las consecuencias.

Correr un riesgo razonable le da a los niños dos valiosas lecciones sobre la vida: 1) al arriesgar y ganar, los niños aprenden a confiar en sí mismos y adquieren confianza en sus capacidades; 2) al arriesgar y perder, aprenden a enfrentar el fracaso y a manejar su frustración. Es esta segunda lección la que es más difícil de aprender.

Enfrentar el fracaso

El temor a cometer errores y a sentirse humillada interfiere en la disposición de una persona a correr riesgos razonables. Irónicamente, sin embargo, es el fracaso lo que enseña las lecciones más valiosas sobre el éxito. Por eso es que es parte de nuestro trabajo enseñarles a nuestros hijos que los fracasos son una parte inevitable y útil de la vida.

Hable sobre el fracaso. Cuando sus hijos hablen de sus fracasos y errores, escuche buscando una tendencia a culpar a los demás o a rendirse demasiado rápidamente. Si a sus hijos no les va bien en la escuela, ¿culpan a la maestra o dicen "para qué"? Si se caen sus bloques de construcción, ¿culpan a los bloques o dejan de intentarlo? Si pierden en el juego, ¿culpan a sus compañeros de equipo o deciden que simplemente no son hábiles? Si sus chicos hacen comentarios como éstos, quizá crean que fallar en una o dos cosas los convierte en un fracaso. Especialmente los perfeccionistas sienten que su valer depende de factores externos, tales como tener éxito en todo lo que hacen. Estos niños necesitan aprender sobre el lado positivo del fracaso.

Los errores son parte de la vida diaria de todos, así que no es difícil encontrar oportunidades de hablar sobre este tema. Cuando su hijo trae a casa un examen escolar con un error, por ejemplo, no se enfoque solamente en la calificación; hable sobre el error en sí. Dígale a su hijo: "Cometer errores es una de las formas en que aprendemos las cosas. Por lo tanto, veamos qué puedes aprender de este error." Después ayude a su hijo a encontrar la respuesta correcta. O, si su hijo trata de construir un castillo con bloques de construcción, pero el castillo se cae antes de estar terminado, anímelo o anímela a usar este hecho constructivamente. Pregúntele al niño: "¿Por qué piensas que se cayó?" "¿Qué puedes hacer de manera diferente la próxima vez?" "Veamos cómo lo intentas de nuevo."

Hable de sus propios fracasos. Es una buena sensación cuando nuestros hijos piensan que somos perfectos y que podemos hacer cualquier cosa en el mundo, pero también es irreal y ofrece un modelo imposible para que ellos lo imiten. Puede estimular a sus hijos a correr el riesgo de fracasar al hablarles de su experiencia y al admitir sus errores y fracasos. Podría hablarles a sus chicos sobre la vez que fue candidato a presidente de su clase y perdió, o hizo la prueba para formar parte de un equipo y no lo consiguió, o trató de construir solo un modelo de avión pero descubrió que necesitaba ayuda.

Demuestre elasticidad. Usted puede ser el modelo de la actitud hacia el fracaso que desarrollen sus hijos.

Si prueba una nueva receta para la cena y sabe horrible, no maldiga al libro de cocina. Admita su frustración por esta comida y prometa que va a probar algo nuevo otra noche.

Si trata de arreglar una ventana rota y falla, no tire sus herramientas ni le eche la culpa a lo viejo de la madera. Admita en voz alta su dificultad y hable de las formas de mejorar su manera de enfocarla.

Si tiene miedo de aceptar un nuevo trabajo o de emprender un proyecto difícil, comente en voz alta sus sentimientos y temores. Esto les demuestra a los niños que correr riesgos y la posibilidad de fracasar van de la mano a lo largo de la vida.

Ayude a sus hijos a practicar el fracaso. Los niños necesitan aprender y aceptar el hecho de que nadie puede ser el mejor en todo, que nadie puede ganar todo el tiempo, y que es posible disfrutar un juego aunque uno no gane. En resumen, es humano fallar y cometer errores, y esta imperfección no disminuye nuestro propio valer ni reduce nuestros probabilidades de tener éxito en el futuro.

Una forma de enseñar esta lección es preparar situaciones en las que ocasionalmente usted permite que sus hijos fracasen. Cuando jueguen a las cartas o juegos de salón, por ejemplo, no deje que sus hijos ganen siempre. Cuando sus chicos corran carreras, no insista siempre en que al pequeñito le den ventaja al salir. Si juegan al tenis o al baloncesto, no les dé a sus hijos constantemente la ventaja. Que experimenten la desilusión de perder en un ambiente protegido, con usted en su hogar. Después anímelos a intentarlo de nuevo. Son estas pequeñas lecciones las que dan a nuestros hijos la confianza y la perseverancia que necesitarán para dominar las tareas difíciles y para perseguir metas desafiantes en sus vidas.

Todos los niños necesitan oportunidades de correr riesgos para desarrollar el coraje, la confianza y la autoestima. Así que dé la libertad de intentar, y el estímulo que necesitan para volver a intentar. Su meta debe ser ayudarlos a desarrollar una actitud como la que impulsó a Thomas Edison a decir: "¿Fracasé? Realmente no. Sólo he aprendido diez mil maneras de no inventar una lamparilla eléctrica."

Sexo y reproducción

Estábamos reunidos con la familia y los amigos en un gran restaurante para celebrar un cumpleaños muy especial. Mientras esperábamos el platillo principal, mi hija de cinco años gritó, desde el otro extremo de la mesa: "¿Qué es el sexo?" Me pareció que todos los comensales que se encontraban en el salón se habían vuelto hacia nosotros para escuchar la respuesta.

Hubo una larga pausa hasta que mi esposa se volvió hacía mí suplicante: "Por qué no manejas esto". Éste no era el momento ni el lugar para discutir la sexualidad humana, y utilicé una técnica paterna tradicional: la distracción.

–Eso es algo sobre lo que te hablaré más tarde, tesoro –dije–. Pero en este momento, ¿por qué no me dices lo que vas a tomar de postre?

–Pastel de chocolate –contestó mi hija, y la crisis había pasado. Seguimos la celebración y apunté mentalmente que contestaría su pregunta cuando regresáramos a casa.

Finalmente, todos los niños aprenden sobre los pájaros y las abejas, pero lo que aprenden y cómo lo aprenden difiere enormemente de un niño a otro. Por eso es tan importante hablar sobre sexualidad humana con nuestros hijos –si no lo hacemos, alguien más lo hará.

El objetivo, al hablar con los niños sobre el tema del sexo, es realmente muy simple: como padres, queremos asegurar que a medida que nuestros hijos crecen, y sus preguntas y preocupaciones sobre este tema se vuelven más complejas y delicadas, se volverán hacia nosotros en busca de respuestas francas. De eso trata realmente este capítulo.

¿Cuándo debería hablarle a su hijo sobre el sexo?

Tan pronto como los niños son suficientemente grandes como para hacer preguntas sobre el sexo, son suficientemente grandes como para recibir respuestas honestas. Esto puede suceder ya a los dos años.

Si sus hijos no hacen preguntas o no parecen interesados en hablar sobre el sexo y la reproducción a los siete años, probablemente tienen la impresión de que el sexo es un tema prohibido o vergonzoso.

Si siente que su hijo ha pasado la edad en que debería estar haciendo preguntas, debe sacar el tema durante los "momentos pedagógicos". Éstas son ocasiones en las que es más probable que sus hijos estén abiertos a la información y a la guía sexual. Es raro anunciar un día repentinamente: "Johnny, hoy quiero decirte lo que sucede cuando un hombre y una mujer tienen relaciones sexuales." Pero podría deslizarse haciendo una observación sobre algo que ambos ven en televisión; inclusive los programas de horario preferencial discuten abiertamente las relaciones y situaciones sexuales.

Si a un personaje masculino su amigo le hace bromas porque es virgen, por ejemplo, usted puede explicarle casualmente a los niños pequeños: "Eso quiere decir que nunca le ha hecho el amor a una mujer." Explíquele a los niños mayores: "Eso quiere decir que nunca ha tenido relaciones sexuales antes." Cuando sus hijos aprendan que está abierto a las discusiones francas, pronto se sumarán a la conversación y pedirán más detalles.

También podría hacer observaciones sobre el comportamiento animal. Si sus niños ven a un perro macho con una erección, no aparte siempre su atención de la escena. Puede utilizar esta oportunidad para discutir la anatomía masculina o la respuesta sexual (dependiendo de la edad de su hijo y de lo que ya sabe).

Podría decir algo tan simple como: "Mira, ese perro debe ser varón porque tiene un pene." O tan realista como: "Ese perro sabe que el otro perro, el que está del otro lado del parque, es una hembra, y eso hace que el pene se le ponga erecto."

Durante los momentos pedagógicos, muéstrele a sus hijos que usted no teme ni se avergüenza de hablar del sexo. Así es como aprenderán que no necesitan temer ni avergonzarse de hablarle sobre este tema delicado.

¿Cómo debería hablarle a su hijo sobre el sexo?

Un aspecto importante de la educación sexual es transmitir los valores, normas y actitudes familiares. Por lo tanto, antes de comenzar a enseñarles a sus hijos respecto al sexo, examine sus propios sentimientos. Está bien sentirse incómodo al hablarles a sus hijos sobre el sexo, en tanto no deje que esto lo paralice. Puede evitar de dos maneras que su propia incomodidad interfiera en la forma en que les habla a los niños:

- *Comience a edad temprana.* Comience a hablarle a los niños sobre la sexualidad de ellos cuando son muy pequeños. Entonces, cuando sean más grandes y necesiten una información más detallada usted se sentirá más cómodo porque preparó el escenario antes.

- *Sea sincero sobre sus sentimientos.* No le avergüence admitir ante sus hijos mayores que se siente raro al discutir acerca del sexo. Podría decir: "Para mí no es fácil hablar sobre este tema. Cuando yo era niño, el sexo no se comentaba en la casa. Pero creo que es un tema importante y quiero discutirlo con ustedes." Sus hijos lo respetarán por su franqueza.

Si la sexualidad humana despierta en usted sentimientos de culpa, disgusto o vergüenza, probablemente les pase esta actitud a sus hijos. Si éste es su caso, podría desarrollar una actitud personal más sana por medio de lecturas, cursos sobre sexualidad humana, discusiones abiertas con su cónyuge, un amigo o una amiga de confianza, o con un ministro, rabino o sacerdote; o podría pensar en terapia y asesoría profesional. Mientras tanto, podría ser más fácil para usted transmitir una actitud sana, respecto al sexo, usando con sus hijos algunos libros sobre el tema escritos para los niños, o pidiéndole a un adulto de confianza que les hable a sus hijos sobre su sexualidad.

Conteste la pregunta que le hicieron. Trate de evitar el error común de decir demasiado y muy pronto. Escuche cuidadosamente lo que le está preguntando su hijo y conteste solamente esa pregunta. Si la pregunta no está clara, trate de descubrir su significado preguntando: "¿En qué sentido?" o "¿Qué quieres decir?"

Cuando esté contestando las preguntas de sus hijos, tenga presente la vieja historia del niñito que le preguntó a su padre: "¿De dónde vengo?" Después de escuchar un largo discurso sobre la reproducción, el niño replicó: "Oh. Bueno, el niño de al lado vino de Chicago. Sólo me preguntaba de dónde vine yo."

Use términos correctos. Así como les enseña a los niños los nombres apropiados de las partes del cuerpo tales como dedos, manos y codos, enséñeles los nombres apropiados de su anatomía reproductiva. El término "pipí" para el pene de un niño, por ejemplo, suena gracioso cuando el niño es muy pequeño, pero el término hace que sea difícil hablar seriamente sobre la sexualidad humana cuando él es más grande.

Las palabras siguientes no son demasiado difíciles para que las digan los niños pequeños y deben ser las que usted use cuando les hable a sus hijos sobre las partes de su cuerpo y su sexualidad: pene, vulva, vagina, testículos, nalgas, ano, senos, cópula, clítoris, pezones, semen, esperma, erección, eyaculación y masturbación.

Use estas palabras natural y libremente cuando le hable a sus hijos sobre el sexo. Ayudan a que el tema sea menos confuso, misterioso y difícil de discutir.

No se ría. Los niños necesitan saber que vale la pena escuchar sus ideas y preocupaciones sobre el sexo y el desarrollo sexual, que no son divertidas, ignorantes o triviales. Sin embargo, a veces es difícil resistir el impulso a reírnos de la incipiente conciencia sexual de nuestros hijos.

Un día Debbie entró a la recámara de Jennifer, su niña de cinco años, y la encontró sentada sobre la cama, desnuda de la cintura para arriba, pellizcándose los pezones y tirando de ellos. "¿Por qué estas cosas no se ponen grandes como las tuyas?", preguntó, enormemente perpleja. La risa hubiera sido una reacción comprensible, pero el momento pedagógico se perdería si se contestara con humor.

En cambio, Debbie podría decir: "¿No es hermoso ser una niña y saber que cuando tengas alrededor de doce o trece años tus senos crecerán y serán grandes como los míos?"

"Pero yo los quiero grandes ahora", podría quejarse Jennifer.

Entonces Debbie podría iniciar a su hija en el propósito y función de los senos femeninos diciendo algo así como:

"En este momento no necesitas senos grandes porque no estás lista para tener un bebé. Las madres necesitan senos para almacenar la leche para sus bebés. Por eso es que la zona oscura se llama pezón. Los bebés pueden tomar leche chupando el pezón de una botella o chupando los pezones de su madre."

Jennifer quizá continúe tirando de sus pezones, pero también sabrá más que antes respecto al seno femenino.

¿De dónde vienen los bebés?

Cuando sus hijos están en el jardín de niños, deben saber de dónde vienen los bebés y los hechos acerca de las diferencias anatómicas obvias entre niños y niñas. Los diálogos siguientes son ejemplos de las preguntas que hacen los niños sobre estos temas y de las formas de contestarlas.

Una discusión con un preescolar

"De dónde vienen los bebés?"

"Los bebés crecen dentro de sus mamás hasta que están listos para nacer."

"Dónde crece un bebé dentro de la mamá?"

"En un lugar especial, sólo para bebés, que se llama útero."

"¿Cómo se mete el bebé dentro de la mamá?"

"Un pequeño esperma del cuerpo de un papá entra al cuerpo de la mamá y se encuentra con un huevito de la mamá. Se juntan y el bebé crece de eso. Cuando es suficientemente grande, el bebé nace."

"¿Cómo sale el bebé?"

"Por una abertura especial que hay en el cuerpo de la mamá para que pase el bebé."

Una discusión con un escolar

"¿Cómo se hace el sexo?"

"Un hombre y una mujer se acuestan cerca uno de otro y se sienten amorosos entre sí. El pene del hombre entra en la vagina de la mujer. Eso es lo que se llama una relación sexual o cópula."

"¿El hombre va al baño dentro de la mujer?"

"No. El pene lleva orina del hombre, pero también puede llevar lo que se llama semen y que es lo que sale del pene y entra en la vagina de la mujer durante la relación sexual."

"¿Cómo sale el bebé de la mamá?"

"Se abre un agujero especial en el cuerpo entre las piernas de ella. La piel y los músculos se estiran y hay suficiente lugar para que el bebé se deslice, saliendo primero generalmente la cabeza.

Lineamientos básicos para hablar sobre el sexo

Ya sea que les hable a sus hijos sobre el sexo y la reproducción cuando le hagan la pregunta o que use momentos pedagógicos, las lecciones serán más efectivas si recuerda estos lineamientos básicos.

Sea concreto. Trate el tema del sexo como trataría cualquier otro tema. Si a los niños se les dan los hechos sobre el sexo de una manera directa, lo aceptarán como los hechos que son.

Sea breve. Aléjese de las conferencias. Un discurso largo confundirá a sus hijos o les quitará el interés. Lo mejor son los diálogos informales, espontáneos. Sea breve y deje abierta la puerta para discusiones posteriores. Cuando sus hijos pequeños le hacen una pregunta sobre el sexo, una buena regla práctica es dar una respuesta mínima y esperar a ver si están satisfechos. Si quieren más, preguntarán.

Sea honesto. No deje que la vergüenza distorsione la verdad. Las historias sobre la cigüeña pueden estar consagradas por la tradición, pero les producen confusión a los niños que viven en estos tiempos progresistas y controlados por los medios. Darles a los doctores y hospitales poderes especiales de creación también esquiva el tema. Dé a sus chicos información honesta.

Dé la respuesta inmediatamente. Prepárese para manejar las preguntas a medida que surjan. Si usted aplaza la respuesta, es probable que sus hijos hayan olvidado lo que querían saber cuando llegue el momento en que esté listo para comentarlo. El momento pedagógico habrá desaparecido y sus hijos no tendrán la información que pedían. Si las circunstancias hacen que sea imposible responder inmediatamente, asegúrese de encontrar una oportunidad para volver a la pregunta tan pronto como sea posible.

Prepárese para repetirse. Los niños aprenden lentamente sobre el sexo y la reproducción, a medida que maduran gradualmente. Cuando aparezcan las mismas preguntas a través de los años, mantenga el diálogo vivo ofreciendo detalles más elaborados y gráficos. Igual que la educación moral, la educación sexual es un proceso continuo que comienza temprano y continúa durante toda la vida.

Entérese de lo que se enseña en la escuela. Si su escuela ofrece enseñanza sobre la vida familiar, puede usar los lineamientos que ofrece este capítulo para apoyar la información que sus hijos adquieren en la escuela. Si hace preguntas sobre lo que se está enseñando, las lecciones de la escuela pueden darle muchos momentos pedagógicos. Las discusiones sobre las lecciones de la escuela también le darán oportunidades que no debe perder para poner los hechos de la sexualidad humana dentro del marco de las normas y valores de su propia familia.

Recuerde, si les habla honestamente a sus hijos pequeños sobre su sexualidad, descubrirá que a medida que crecen y necesitan información más explícita, se sentirán cómodos al obtener esa información de usted.

Juegos sexuales y masturbación

Kevin abrió la puerta del clóset y se quedó ahí parado, completamente confundido. Sobre el piso, completamente desnudos, estaban Kim, su hija de seis años, y Jeffrey, su amigo de siete años.

"No sabía qué decir ni que hacer –dice Kevin–. Pienso que no hubiera estado más aturdido si ambos hubieran tenido diecisiete y los hubiera encontrado juntos en la cama. Fue una sensación horrible que no pude sacudirme durante un largo rato."

Después de unos segundos, Kevin sacó a su hija y le dijo a Jeffrey que se vistiera y se fuera a su casa. En un silencio absoluto, Kevin llevó a Kim a la recámara, donde la vistió rápidamente y la dejó sola de manera abrupta.

"Supongo que no lo manejé muy bien –admite Kevin–, pero si en ese momento decía algo, hubiera lanzado algunas palabras muy fuertes."

Kevin fue inteligente al contener la lengua. Pero seguramente su hija no tenía duda de que estaba furiosamente alterado. A muchos padres en situaciones similares les resulta difícil recordar que el juego sexual infantil, igual que la masturbación, son actividades universales y aspectos normales de la exploración del propio cuerpo, tanto para los niños como para las niñas. Fundamentalmente ninguna de las dos actividades tiene nada de malo. Sin embargo, es comprensible por qué los padres pueden reaccionar con alarma, cólera o vergüenza.

Si reaccionamos con disgusto a sus exploraciones sexuales, podemos perder su confianza. Esto puede dificultar las conversaciones sobre la sexualidad humana con una actitud abierta en un momento posterior. La comunicación de sentimientos de culpa, vergüenza o ansiedad puede afectar las opiniones de los niños sobre sí mismos y sobre la sexualidad. Por eso es que usted verá que una forma más efectiva de responder al juego sexual o a la masturbación consiste en una conversación padre-hijo simple, directa y objetiva.

El juego sexual

–Juguemos al doctor. Quítate la ropa.

–Bueno. Muéstrame el tuyo y te mostraré el mío.

Este breve intercambio de ideas probablemente no es lo que usted quiere oír que sale del cuarto de juegos de sus hijos. Pero se le escucha muy comúnmente entre niños de seis a diez años, quienes tienen una necesidad natural de satisfacer su curiosidad. Si oye a sus hijos hablar de las partes de su cuerpo o los encuentra mirándose o tocándose las áreas genitales, naturalmente sentirá cierta incomodidad, pero no demuestre su alteración. Recuerde, es muy fácil, sin intención, atribuirles culpa a las urgencias perfectamente normales y saludables.

Así, ¿qué debería hacer?

Si sorprende a los niños en el acto de un juego sexual, debería interrumpirlos casualmente. En ese momento no comente sus acciones, porque quizá no pueda controlar sus emociones y ellos pueden sentirse avergonzados o a la defensiva. En cambio, dirija su atención a otra actividad.

Cuando abrió la puerta del clóset, por ejemplo, Kevin podría haber dicho: "Éste no es un buen juego. Vamos, vístanse y los espero en la cocina para pintar con los dedos." Esto hubiera terminado la actividad que lo alteró y le hubiera dado tiempo para calmar sus sentimientos intensos y enfocar la situación de una manera más constructiva.

¿Entonces, qué?

Bueno, más tarde, cuando algún tiempo ha calmado su reacción inmediata a la actividad del juego sexual y su hijo está menos envuelto emocionalmente en la situación, es importante hablar sobre sus opiniones sobre este tipo de juego. De la misma forma, si usted oye a sus hijos haciendo planes para explorar sus cuerpos, puede sumarse a su conversación en ese momento y decir claramente cuáles son sus sentimientos respecto a su idea.

Cuando hable con sus hijos acerca del juego sexual, querrá alcanzar dos objetivos: 1) satisfacer la curiosidad que los condujo a la situación, para empezar, y 2) ayudarlos a desarrollar límites sexuales para sí mismos.

Ayude a sus hijos a satisfacer su curiosidad. Después de un incidente relacionado con el juego sexual, busque un momento tranquilo para invitar a sus hijos a sentarse y hablar con usted sobre el "juego" al que jugaban. En una forma muy concreta, hable del cuerpo humano. Invite a sus hijos a hablar de las diferencias entre varones y mujeres. Responda sus preguntas lo mejor que pueda, de acuerdo con la edad y conocimientos de los niños. Después programe un viaje a la biblioteca para buscar libros que muestren el cuerpo humano desnudo por el que ellos sienten tanta curiosidad.

Siga las indicaciones de su hijo para decidir cuánta información debe ofrecer. La mayor parte del juego sexual está motivada por la curiosidad que despierta en ellos el *aspecto* de los genitales humanos, no su funcionamiento. Sus comentarios y lecturas no tienen que enfocarse necesariamente al acto sexual y la reproducción, a menos que las preguntas de su hijo lo lleven a estos temas.

Ayude a sus hijos a fijar límites sexuales apropiados. Hablar del juego sexual le ofrece una buena oportunidad de ayudar a sus hijos a desarrollar límites sexuales sensatos para sí mismos. Sin hacer que sus hijos sientan que son "malos" o que han cometido un acto "malo", usted puede usar esta circunstancia para explicar su opinión sobre la actividad sexual recreativa. En un tono de voz firme, podría decir, por ejemplo: "Nuestros cuerpos son privados y especiales. No los usamos para jugar."

Éste también es un buen momento para recordarles a sus hijos las lecciones sobre el "buen contacto" y el "mal contacto", relacionadas con el abuso sexual. Refuerce el hecho de que, incluso entre amigos, tienen derecho absoluto de decir no a cualquier contacto que los haga sentir incómodos.

Al día siguiente del incidente del juego sexual, Kim y su padre hablaron sobre el mismo. Le contó a su padre que Jeffrey la había desafiado a quitarse la ropa y le había dicho que era una nenita cuando ella no quiso hacerlo. Esto le dio a Kevin una oportunidad ideal para hablar directamente sobre el tema de los derechos personales y cómo decir que no. En esta forma, el incidente que tanto había alterado a Kevin terminó dándole una oportunidad para enseñar una lección vital de confianza y de firmeza en uno mismo.

La masturbación

A los dieciocho meses, todos los niños han descubierto sus genitales y muchos se masturban. Sin embargo, no debemos asociar esta acción con el comportamiento y sentimientos sexuales experimentados por los adultos. Los niños se masturban y se acarician los genitales por dos razones fundamentales: 1) están aprendiendo que sus órganos sexuales son una fuente de placer sensual (no sexual), y 2) igual que chuparse el dedo, el acto les da consuelo y alivia la tensión.

Si sus hijos se masturban, usted no debería sentir la necesidad de hablarles sobre esta actividad porque piense que es anormal o perjudicial. Si descubre que se masturban ocasionalmente en su casa, ignórelo o no diga nada. Pero, si se masturban o acarician excesivamente, o si hacen estas cosas en público, entonces necesita hablarles sobre esta práctica.

Igual que el juego sexual, masturbarse no tiene nada de "malo", así que no querrá asociarlo con palabras como *malo* o *dañino*. Si lo hace, puede comunicar sentimientos de culpa y vergüenza. Los siguientes lineamientos lo ayudarán a manejar este tema delicado de la masturbación infantil.

Busque maneras de reducir el tiempo que su hijo ocupa para masturbarse. Si su hijo se masturba más de dos veces por día, su primera meta será reducir el tiempo que él o ella dedican a esta actividad. Cuanto menos se masturbe el niño, el hábito se volverá más débil y finalmente se romperá el patrón.

Cuando vea a su hijo masturbándose, no reaccione exageradamente: no lo regañe, no llame la atención sobre el acto y no cambie abruptamente la posición del niño. En cambio, serenamente aleje la atención del niño de su cuerpo y llévela hacia alguna otra actividad. Muy concretamente, invite al niño a jugar a las damas, a pintar un dibujo o a jugar con arcilla. Si el niño se resiste a su invitación, dirija gentilmente su atención guiándolo físicamente hacia otra cosa. No haga comentarios sobre lo que está haciendo el niño. Sin decir una palabra, esto reducirá el tiempo dedicado a masturbarse.

Además de estas estrategias preventivas, podría tratar de identificar cualquier causa subyacente a una masturbación excesivamente frecuente. Éstas son algunas causas posibles a tomar en cuenta:

1. *Aburrimiento*. Un programa más activo y estimulante (lejos de la televisión) podría ser la solución.

2. *Tensión.* Como la masturbación alivia la tensión, la masturbación frecuente puede ser un intento de hacerle frente a la tensión. Si usted puede reducir la tensión que está experimentando su hijo, también reducirá el ansia de masturbarse.

3. *Baja autoestima.* Los niños que sufren de baja autoestima buscarán otras fuentes, como la masturbación, para obtener placer y consuelo. Busque actividades que les ofrezcan a sus hijos oportunidades de tener éxito. Ofrezca su atención y sus elogios hasta por actividades simples como saltar a la cuerda, andar en bicicleta o pintar. Haga que sus hijos sepan que usted piensa que son especiales.

4. *Abuso sexual.* Los niños que han sufrido abuso sexual pueden comenzar a mostrar señales de comportamiento sexual adulto. Durante lo que puede ser un periodo en estado latente, estos niños usarán la masturbación para excitarse sexualmente. También hablarán de actos sexuales y se dedicarán a frecuentes juegos sexuales. Si sospecha que ésta es la causa, asegúrese de consultar guías sobre cómo manejar esta situación.

Ayude a sus hijos a adquirir más conciencia. Los niños quizá no tengan conciencia de cuándo, dónde o con cuánta frecuencia se masturban, por lo tanto necesitará ayudar a su hijo a ser más consciente de lo que está haciendo. Acérquese al niño en el acto cuando los dos están solos en la casa. Explíquele de manera comprensiva lo que usted quiere que el niño haga en el futuro. Podría decirle algo como: "Sé que te gusta frotarte de este modo, pero esto es algo que las personas hacen cuando están solas, no frente a los demás. Así que a partir de ahora, por qué no lo haces solamente cuando estés solo (o sola) en tu cuarto." Termine su comentario con un abrazo y una sonrisa.

Ofrézcale al niño una respuesta alternativa. Puede ayudar a su hijo a romper un patrón de conducta proporcionándole algo qué hacer en lugar de la conducta indeseable. Esto es lo que quiere decir "una respuesta alternativa".

Si usted sabe dónde y cuándo es más probable que su hijo se masturbe, puede reducir la frecuencia del comportamiento si le proporciona otras actividades en esas circunstancias. Si sabe que el niño a menudo se masturba cuando va en el auto o está mirando televisión, por ejemplo, ponga juguetitos, libros y rompecabezas en esos lugares, para darle al niño algo más que hacer.

Haga que sus niños sepan que a usted le gustaría que mantuvieran las manos ocupadas mientras están sentados. Podría decir: "Hoy te compré un nuevo cuaderno de papel. Por qué no me haces un dibujo de lo que estás mirando en la televisión."

Si su varoncito tiene el hábito de tomarse el pene dondequiera que va, una respuesta alternativa puede ayudar. Pídale que sostenga las bolsas en la tienda. Déle una pelota para que la apriete o las llaves de repuesto para que las haga sonar. Una pata de conejo o una pelota de tenis para "la buena suerte" cada vez que está en público. Mantenga sus manos ocupadas y no tendrá que enfrentarse al "problema".

La masturbación y manipulación infantil ciertamente son más embarazosas para usted que para sus hijos. A menos que estén mostrando síntomas de tensión, baja autoestima o abuso sexual, la mayoría de los niños están siguiendo inocentemente sus impulsos naturales, así que no se rinda a la tentación de gritar: "¡Quieres dejar de hacer eso!"

"Dejarlo" no debe ser su meta. Más bien, usted quiere dirigir estas conductas hacia un ambiente más aceptable y transmitirles a sus hijos el sentido de la intimidad en relación con el cuerpo humano y la autoestimulación.

El abuso sexual

La aguda campanilla del teléfono interrumpió el silencio de la mañana. Era una vieja amiga que llamaba muy asustada.

"Acabo de tomar el periódico –soltó la voz al otro extremo– y leí que un hombre que vive al otro lado de nuestro vecindario ha sido arrestado por acosar sexualmente a jovencitas en su casa. Mi hija ha jugado con su hija muchas veces –confesó mi amiga–. ¿Qué hago si la ha tocado o herido y no me enteré de nada? No puedo creer que esto pudiera suceder precisamente en mi barrio. ¿Qué debo hacer?"

El primer consejo que le dimos a esta amiga es el que le sugerimos también a cada uno de ustedes: Hablen con sus hijos. Háganles saber qué es el abuso sexual y cómo protegerse. Después háganlos sentirse cómodos hablando con ustedes sobre un tema que parece demasiado "íntimo" para expresarse en palabras.

El abuso sexual no es un tema sobre el que hablamos fácilmente con nuestros hijos, porque es algo que rogamos que jamás roce sus vidas. Tampoco es materia probable para las preguntas de nuestros hijos. Éstas son dos razones comunes por las que muchas familias no discuten el abuso sexual hasta después que sucede.

No obstante, el hecho es que hay varias razones muy buenas por las que debemos hablarles a nuestros hijos sobre este tema. En primer lugar, se sabe bien que los niños cuyos padres les hablan sobre el abuso sexual están mejor preparados para impedir que suceda.

Otra razón es la frecuencia con la que ocurre este delito. Aunque no hay cifras exactas disponibles (debido a que no se denuncian todos los casos y a la naturaleza secreta del delito), los expertos creen que alrededor de una de cada tres o cada cuatro niñas habrá sufrido abuso sexual antes de los dieciocho años. Las víctimas masculinas del abuso son de uno en ocho a uno en diez. Y una estadística aún más alarmante es que la edad promedio de la víctima en los casos de abuso sexual está entre los seis y los nueve años. Estas estadísticas se refieren a los Estados Unidos.

Aunque a veces podríamos preferir creer que el abuso sexual es un problema de barrios decadentes y de familias obviamente disfuncionales, como mi amiga descubrió, no lo es. Por coincidencia, este hecho quedó patente ante las puertas de mi pequeña ciudad unas mañanas después, en los encabezados que exclamaban: "Hombre dice que acosó a 20 varones." Aquí mismo, en este barrio de cercas de madera y casas con persianas, un residente local –que los chicos llamaban Tío Joey– ha admitido que abusaba sexualmente de varoncitos, de manera regular, en su propia casa. Su última víctima es el hijo de seis años de la mujer con la que vive.

También tendemos a pensar en el abuso sexual como algo que sucede fuera de "las buenas familias", pero tristemente, muchos niños son víctimas de incesto. Por supuesto, porque usted está leyendo este libro para encontrar formas de proteger a sus hijos, es improbable que esté involucrado o que solape una relación incestuosa. Sin embargo, es algo que puede ocurrir en la casa de cualquiera, entre padrastros, hermanos, primos, tíos y abuelos.

Así que no importa dónde vivamos o cuán sólidos sean nuestros vínculos familiares, a nuestros hijos les debemos advertir sobre el problema del abuso sexual.

¿Cuándo debería hablarle a su hijo sobre el abuso sexual?

El mejor momento para hablar sobre el abuso sexual es antes de que su hijo esté en una situación potencialmente peligrosa. Como no tiene manera de saber si esto va a suceder ni cuándo, es importante hablar sobre este tema a una edad relativamente temprana. Ni siquiera los preescolares son demasiado pequeños.

Los detalles de lo que diga estarán determinados por la edad de su hijo, pero es mejor darles a los niños de todas las edades lecciones generales sobre la prevención de un ataque junto con otras lecciones de seguridad. Por ejemplo:

- Así como les puede enseñar a los niños pequeños a rechazar un dulce ofrecido por extraños, les puede enseñar a decir que *no* si alguien quiere tocar las partes privadas de su cuerpo.
- Cuando les hable a sus hijos del peligro de comer o beber sustancias desconocidas que podrían en-

contrar en la calle, hábleles también de la intimidad personal y del derecho a rechazar cualquier contacto molesto.

- Cuando les explique a sus hijos por qué deben decir que *no* a las drogas, puede incluir una discusión de por qué tienen el derecho a decirle que *no* a cualquiera que los toque de una manera que los haga sentirse incómodos.

¿Cómo debe hablar sobre el abuso sexual?

Cuando les hable a los niños sobre el abuso sexual, es importante que presente el tema de una manera que no los asuste u horrorice indebidamente. En realidad, es improbable que necesite usar la expresión *abuso sexual* para nada. Su meta es enseñarles a sus hijos, en una forma positiva, que no los haga sentirse amenazados, que nadie tiene el derecho a tocarles el cuerpo si ellos no quieren.

Este mensaje se comunica con más facilidad en los hogares donde los padres ya han creado una atmósfera que permite la comunicación sobre cualquier tema –incluso temas que son delicados, personales y a veces tabú–. También es más fácil discutir la prevención del abuso con niños que saben los nombres correctos de las partes de su cuerpo, incluyendo sus genitales. Al preparar la discusión sobre el abuso sexual, también podría presentar información acerca del tema "sexo y reproducción". Esto ayudará a sus hijos a tener un panorama general de lo que es natural y deseable y lo que no lo es.

¿Qué debería decir?

Cuando les hable a sus hijos sobre el abuso sexual, necesitará alcanzar dos metas:

1. Dar información específica y exacta que permitirá a sus hijos reconocer una conducta sexualmente abusiva.
2. Enseñar maneras específicas de manejar situaciones potencialmente peligrosas.

Para alcanzar estas metas, siga estos lineamientos:

Explique lo que son "partes íntimas". "Papá, ¿por qué las niñas no se pueden sacar las camisetas cuando hace calor?"

"Mami, ¿por qué no puedo entrar al baño contigo?"

"¿Por qué no me puedo vestir en la sala?"

Las preguntas de los niños nos dan muchas oportunidades de hablar sobre nuestras "partes íntimas". Sin implicar que hay partes de nuestro cuerpo que son sucias o vergonzosas, aproveche estas oportunidades para explicar que las partes de nuestro cuerpo que están cubiertas por los trajes de baño (el ano, el pene y los testículos masculinos y la vulva y los senos femeninos) son muy especiales e íntimas. Después explique que por esa razón las partes íntimas se mantienen cubiertas y nadie debe tocarlas o mirarlas excepto los padres de una persona o alguien que dé atención médica (con la autorización de los padres).

Explique qué es el abuso sexual. Los niños necesitan saber que algunos adultos tratan de invadir la intimidad de los jovencitos y que *no* está bien que lo hagan. Sus hijos deben saber acerca de dos tipos de abuso sexual:

El abuso sin contacto incluye la estimulación sexual verbal, como discusiones francas sobre actos sexuales con la intención de excitar el interés del niño o de impactarlo, llamadas telefónicas obscenas, exhibicionismo, voyerismo y la supresión del velo de la intimidad de manera que el niño observe o escuche una cópula.

El abuso de contacto incluye el manoseo, el coito vaginal, oral o anal o el intento de coito, la caricia de los genitales, el incesto y la violación.

A continuación, sus hijos deben saber que los adultos que hacen estas cosas no son necesariamente desconocidos a quienes pueden esquivar rechazando el ofrecimiento de dulces o de paseos en auto. El 85 por ciento de los abusadores infantiles son personas que el niño conoce.

A personas en quienes tendemos a confiar implícitamente –ministros protestantes, sacerdotes, guías de exploradores, líderes de la comunidad, maestros, niñeras, amigos y miembros de la familia– las han hallado culpables de abusar sexualmente de niños pequeños.

En Estados Unidos, noticias recientes han dado a conocer casos sorprendentes, como los de los miembros del personal de un centro diurno de cuidado infantil, quienes fueron acusados de abusar de los niños a su cuidado, una senadora que reveló que fue abusada sexualmente en su niñez por "un hombre que vivía a la vuelta", un respetado director teatral que fue acusado de seducir a algunos de sus estudiantes varones y el heredero de una fortuna farmacéutica que se declaró culpable del cargo de haber abusado sexualmente de su hijastra durante siete años.

Dígales enfáticamente a sus hijos: "*Nadie*, ni siquiera los maestros, parientes, amigos o entrenadores pueden decirte que está bien que te toquen o miren las partes íntimas de tu cuerpo."

Explique cómo decir que no. Una vez que los niños saben que hay partes de su cuerpo que son especiales y privadas, hábleles acerca de lo que deben hacer si alguien trata de tocar o mirar estas partes del cuerpo o si muestra sus propias partes privadas.

Los niños necesitan la autorización de usted para tomar control de su cuerpo, porque generalmente se les enseña a obedecer y respetar a los adultos. En este caso, necesitan saber que si no les gusta lo que está pasando, pueden –y deben– decir que no.

La manera más efectiva en que un niño puede detener un ataque potencial es decir: "¡NO!", en voz fuerte y firme y abandonar rápidamente la situación. Puede ayudar a sus hijos a decir que *no* imaginando juegos "qué-pasa-si".

Use los juegos qué-pasa-si para presentar una variedad de situaciones potencialmente peligrosas, como estas:

- "¿Qué pasa si un hombre desconocido, que dice que es policía, dice que subas a su auto para poder hacerte unas preguntas? ¿Qué dirías?"
- "¿Qué pasa si un amigo o un pariente quiere que te saques la ropa para jugar al doctor? ¿Qué dirías?"
- "¿Qué pasa si alguien mayor quiere tocarte el pene? ¿Qué dirías?"
- "¿Qué pasa si alguien que conoces quiere frotarte la zona que está entre las piernas? ¿Qué dirías?"

Entrene a sus hijos a responder a estas situaciones con afirmaciones enérgicas:

- "No, no hagas eso."
- "No, le diré a mi mamá."
- "Detente, eso no está bien."
- "Mis padres me dijeron que no lo hiciera."

Una vez que sus hijos se familiaricen con este juego y aprendan que usted lo jugará sin reírse y sin avergonzarse, quizá empiecen a hacer sus propias preguntas qué-pasa-si. Ésta es una buena señal de que se sienten cómodos pidiéndole a usted información y apoyo en este asunto delicado.

Dé su amor y su apoyo incondicionales. Quienes acosan a los niños tratan de controlar a sus víctimas de tres maneras:

1. Obligando al niño o usando el poder de la autoridad.

2. Manipulando al niño para "jugar a algo divertido" que desemboca en un contacto físico no deseado.
3. Sobornando al niño con favores o regalos.

Estas técnicas son muy persuasivas y pueden hacer que los niños sientan que en cierta manera son responsables. Asegúrele a sus hijos que *jamás* tendrán la culpa si un adulto o un niño mayor trata de tocarles o mirarles el cuerpo.

Convénzalos de que es bueno y seguro que ellos le cuenten acerca de cualquier adulto o niño mayor que trate de invadir su intimidad. Haga que sus hijos sepan que los acosadores engatusan o amenazan a los niños para que mantengan el incidente como un secreto "especial". Asegúreles que, sin importar lo que pueda decir otro adulto, ellos siempre pueden hablar con usted.

Repita el mensaje. Usted no puede advertir eficazmente a los niños respecto al abuso sexual en sólo una discusión. La repetición es una parte necesaria del proceso de aprendizaje, así que repita sus instrucciones y seguridades en diferentes ocasiones.

Después de cada discusión con sus hijos, haga el seguimiento unos días después con algunas preguntas que les darán la oportunidad de expresar cualquier preocupación que puedan tener. Podría preguntar:

- "¿Has pensado algo más de nuestra charla sobre las partes íntimas del cuerpo?"
- "¿Tienes algunas preguntas sobre qué hacer si alguien te toca en una forma que no te gusta?"

- "¿Te acuerdas de lo que les debes decir a los desconocidos que te ofrezcan juguetes o dulces?"

Preste atención a los temores no expresados. A pesar de sus afirmaciones de que el abuso sexual jamás es culpa del niño y no se debe mantener en secreto, algunos niños pueden seguir teniendo dificultades para hablar sobre encuentros con adultos que los hacen sentir incómodos. Por eso es importante mantenerse alerta ante comportamientos que pueden ser señales de que su hijo está tratando de decirle algo.

Si, por ejemplo, su hijo normalmente amistoso dice que él (o ella) odia ir de visita a la casa del tío Bill, o se pone insólitamente terco tratando de evitar las lecciones de violín, investigue un poco. Pregúntele al niño qué piensa de un adulto cuya compañía quiere evitar. No ponga palabras en la boca de su hijo, pero anímelo a hablar abiertamente sobre lo que sucedió la última vez que el niño estuvo con esa persona.

Qué hacer si han abusado sexualmente de su hijo

Nada puede preparar a los padres para manejar una situación en la cual alguien ha abusado sexualmente de su hijo. Aunque hay una renuencia natural a enfrentarse con un hecho tan doloroso y perturbador, la manera en que los padres manejan la situación puede determinar si tendrá un efecto traumático duradero en el niño.

Denúncielo a las autoridades. Si toma conciencia de cualquier abuso –perpetrado por alguien que pertenece o no a su familia– llame de inmediato a CETATEL (575-54-61) y repórtelo. Éste es un teléfono de emergencia que funciona las veinticuatro horas y está atendido por una psicóloga que le dará orientación para que denuncie el hecho ante una de las cuatro agencias del ministerio público especializadas en delitos sexuales. Ese teléfono corresponde al Centro de Terapia y Apoyo a Víctimas de Delitos Sexuales, que depende de la Procuraduría de Justicia del Distrito Federal.

Algunos padres tienen miedo de denunciar el abuso sexual porque quieren proteger a sus hijos de la luz pública. Aunque no es fácil hacer una acusación así ni probar el abuso sexual, ignorar el incidente también puede tener efectos perjudiciales sobre su hijo. Si no denuncia el incidente ante la agencia especializada del ministerio público, su hijo seguramente sentirá que usted está protegiendo al delincuente.

Su decisión de mantener el abuso en secreto implica que quizá usted no cree que realmente sucedió, o que el niño de alguna manera es culpable y por lo tanto no se debe notificar a las autoridades. Por supuesto, si decide mantener en secreto el abuso, usted está protegiendo a un delincuente y permitiéndole que continúe abusando sexualmente de niños pequeños.

Cuando reporte su sospecha de que hubo abuso infantil, debe saber qué esperar: pida en CETATEL que le indiquen todos los pasos a seguir para perseguir el delito. Si el abuso fue cometido por un familiar, los servicios protectores de la infancia realizarán sus propias entrevistas y la investigación del caso. Entonces decidirán si es o no seguro para el niño permanecer en la casa.

Atienda las necesidades de su hijo. Mientras las autoridades hacen su trabajo, hay varias cosas que puede hacer para ayudar a su hijo a recuperar una sensación de control y seguridad luego de un incidente de abuso sexual.

- *Consuele al niño.* Dé los primeros auxilios emocionales asegurándole a su hijo su amor y ofreciéndole consuelo. Pero no exprese tanta angustia que su hijo reciba la impresión de que ésta es la peor cosa que pudiera haberle sucedido. La reacción apropiada es de ternura y simpatía, no de histeria ni de compasión.
- *Controle sus emociones.* La mayoría de nosotros siente indignación y cólera cuando un niño ha sido agredido. Usted debe comentar sus sentimientos de cólera o culpa con otro adulto, no con su hijo. En esta forma el niño no asumirá ninguna responsabilidad por estos sentimientos ni se asustará por su cólera.
- *Anime a su hijo a hablar de la experiencia.* Sea un buen oyente y ayude al niño a expresar cualquier sentimiento de temor, cólera, humillación, culpa, confusión o vergüenza. Quizá el niño necesite hablar de ello una y otra vez antes de poder asimilar la experiencia.

- *Créale al niño.* La experiencia profesional indica que es raro que los niños mientan acerca del abuso sexual.
- *Elogie al niño por contarlo.* Asegúrele a su hijo o hija que hizo absolutamente lo correcto al contarle a usted el incidente.
- *Libere al niño de culpa.* El abuso sexual jamás es culpa de un niño, así que no diga: "¿Cómo pudiste dejar que te pasara esto?" o "¿Sabes que se supone que no vas a entrar a la casa de nadie cuando sus padres no están?" Sea muy claro respecto al hecho de que usted cree que el adulto o niño mayor son los únicos responsables y culpables del acto.
- *Haga arreglos para protegerlo de otro abuso.* Dígale a su hijo que va a hacer todo lo posible para asegurar que esto no vuelva a pasar.

Busque ayuda profesional. En el caso del abuso sexual, debe considerar seriamente recurrir a la ayuda profesional, tan pronto como sea posible, es la mejor manera de vencer el riesgo de que el niño desarrolle problemas serios en su edad adulta. Un psicólogo infantil puede ayudar al niño a recuperar su sentido de autoestima y a liberarse de sentimientos de culpa por el abuso. La terapia también puede ayudar tanto a los miembros de la familia como al niño a superar el trauma.

La mejor manera de proteger a los niños del abuso sexual es hablar con ellos. Busque folletos (por ejemplo, del Sistema

Nacional para el Desarrollo Integral de la Familia y del Centro de Terapia y Apoyo a Víctimas de Delitos Sexuales) y libros que puedan ayudarlo a comentar con sus hijos este tema muy personal. En el Centro mencionado también dan charlas, todos los meses, sobre la prevención de la agresión sexual que podrían resultarle de gran ayuda.

Los desconocidos

Mi familia vive a sólo cinco cuadras de nuestra escuela primaria, así que nunca me preocupé por el diario regreso a casa de mi pequeño de primer año junto con varios niños mayores del barrio. Pero lo que le sucedió a mi hijo una tarde de otoño ilustra la necesidad y la dificultad de hablarle a los chicos acerca de los desconocidos.

Ese día en particular, Joe entró corriendo a la casa sin aliento, los ojos llenos de lágrimas y obviamente casi en estado de pánico. Los detalles de su historia salieron en partes deshilvanadas, pero pronto fue evidente que un hombre que él jamás había visto antes los había acechado, a él y a sus amigos, mientras regresaban caminando. Si ellos zigzagueaban en la calle, el hombre también zigzagueaba. Si dejaban de caminar, él también se detenía. Si volvían a mirarlo, les devolvía la mirada desafiante. A medida que aumentaba la aprensión de ellos, una mujer condujo junto al grupo y les dijo a los chicos que subieran al auto. Fue el acabóse. Todos salieron corriendo como un rayo, huyendo cada uno en diferentes direcciones hacia la seguridad del hogar.

Después de escuchar su historia, llevé a mi hijo a la casa de mi vecina para que lo cuidara, después recorrí corriendo su camino buscando a estos desconocidos. Todavía no estoy segura de lo que planeaba exactamente hacer sola si los encontraba, pero me puse en camino. No encontré caras desconocidas que acecharan entre mi casa y la escuela, pero sí encontré un auto que correspondía a la descripción de mi hijo, estacionado en una entrada. Desesperada por obtener información, empleé una táctica que ahora, con la mente clara, no le recomiendo a nadie: toqué el timbre y me enfrenté a la mujer que atendió. Así se desarrolló la historia.

Parece que esta mujer anciana iba manejando hacia su casa, después de comprar comestibles, cuando vio a un hombre que seguía a unos niños de escuela. Observó por un momento y entonces decidió que llevaría a los niños a salvo a sus casas. "Lo siento tanto", confesó. "Sé que los asusté aún más cuando les dije que subieran a mi auto. Pero yo sólo estaba tratando de ayudarlos."

En este libreto había un desconocido bueno y un desconocido malo, pero ¿cómo se supone que los niños iban a saber la diferencia? El problema es que *no* pueden saber la diferencia. Entonces, nuestro trabajo es advertir a nuestros hijos de las *circunstancias* peligrosas con desconocidos, para que puedan protegerse de los chicos malos, sin hacer que tengan miedo de los chicos buenos.

Decirles a los niños: "No les hablen jamás a desconocidos" es una orden que produce confusión y que es imposible cumplir. El mensaje implica que todos los desconocidos son malos... que todos están esperando a secuestrar y matar a los niños pequeños. Y sin embargo, cada nueva situación en la vida incluye a desconocidos: ingresar a un equipo deportivo, comenzar en una nueva escuela o un nuevo año, hasta ordenar una hamburguesa.

Necesitamos ser más específicos sobre las circunstancias en las que los niños no deben hablar con desconocidos, y explicar en detalle cómo manejar situaciones incómodas o potencialmente peligrosas. Cuando hacemos esto, logramos que los niños se sientan seguros y al control de una situación, no asustados.

Cuándo hablar con desconocidos

Las discusiones sobre el tema de los desconocidos deberían ser parte de sus lecciones continuas sobre la salud y la seguridad en general. Probablemente, usted trata el tema de la buena nutrición cuando sus hijos quieren más ración diaria de comida chatarra. Les recuerda cómo cruzar la calle con seguridad cuando están parados en una esquina esperando para cruzar. En la misma forma, la conversación más efectiva sobre los desconocidos y cómo tratarlos surge cuando la situación lo justifica. Éstos son algunos ejemplos:

- Si su hijo le pregunta: "Mami, ¿por qué le dijiste hola a esa señora? Ni siquiera la conoces", use esta apertura para hablar de situaciones no-amenazantes en las que los desconocidos no plantean ningún peligro.

- Si deja a su hijo solo por un momento, mientras va corriendo a la casa de al lado, en ese momento explique la importancia de no abrirle la puerta a nadie.

- Después que alguien se acerca a usted con el auto y le pide alguna indicación, explíqueles a sus hijos por qué contestó como lo hizo y luego explique cómo espera que ellos reaccionen ante el mismo tipo de encuentro (dependiendo de dónde viven y cómo se sienta usted respecto a esta situación, podría decirles que deben salir corriendo, o ignorar la pregunta, o dar las indicaciones sin acercarse al auto).

A lo largo de cada día, manténgase alerta al tipo de situaciones que puede usar para enseñar a mantener la seguridad ante los desconocidos.

Los medios también nos dan oportunidades de discutir la seguridad ante los desconocidos en el contexto de las noticias. Si las noticias informan que un niño ha sido secuestrado, por ejemplo, usted puede usar ese anuncio para hacerle preguntas a sus hijos que los hagan pensar sobre cómo pueden evitar un destino similar. Podría preguntarles:

"¿Cómo piensas que pudo haber sucedido?"

"¿Qué harías tú si alguien que no conoces, en el parque de diversiones te pidiera que dieras una vuelta con él?"

O si se informa que un niño ha sido acosado por alguien detrás de un edificio abandonado, en un bosque o en un callejón, éste es un buen momento para indicar los lugares donde no les permite jugar a sus hijos.

¿Qué debe decirles a sus hijos sobre los desconocidos?

Los niños necesitan saber qué hacer y qué decir en circunstancias específicas. A continuación hay una lista de *qué hacer* y *qué no hacer* que cubre lo que debe decirles a sus hijos acerca de algunas situaciones potencialmente peligrosas más comunes. Además, debería desarrollar su propia lista de *qué hacer* y *qué no hacer*, adecuada a sus chicos y a sus actividades y necesidades.

- "Jamás aceptes comida ni regalos de desconocidos."
- "Jamás aceptes subir a un auto, aunque el hombre o la mujer te diga que tu familia le pidió que te recogiera."
- "Jamás juegues en callejones, edificios vacíos, casas en construcción o zonas remotas o aisladas."
- "Jamás vayas con un desconocido que te prometa juegos, juguetes, comida, dulces o un momento de diversión."
- "Jamás vayas solo a los baños, especialmente en las gasolinerías, teatros, restaurantes u otros lugares públicos."
- "Cuando contestes el teléfono, jamás des información sobre tu nombre o tu dirección ni sobre quién está en la casa."
- "Jamás dejes que un desconocido sepa que estás solo en la casa. Dile a la persona que tu papá está en el patio o que tu mamá está en la ducha."

- "Si estás solo en la casa y un desconocido llega a la puerta, jamás abras. Habla a través de la puerta y dile que tus padres están ocupados o dormidos. No permitas que la persona entre *por ninguna* razón."

- "Si un desconocido te pusiera la mano encima violentamente, grita. Grita inmediatamente: '¡No conozco a esta persona!' O, si no hay nadie alrededor que vea lo que está pasando, grita: '¡Fuego!' " (Los expertos sienten que este grito atrae más atención inmediata porque cualquiera que lo oye correrá más rápidamente para ofrecer ayuda. Un grito pidiendo socorro amenaza el sentimiento de seguridad personal de un transeúnte.)

¿Cómo puede asegurarse de que sus hijos recuerden las reglas sobre seguridad frente a desconocidos?

La repetición de las reglas de seguridad ante desconocidos es importante, porque no se puede esperar que los niños bajo tensión recuerden algo que se les ha dicho una sola vez. Si le dice a su hijo o hija de seis años qué hacer si se pierde en el centro comercial, no espere que el niño recuerde sus instrucciones al regresar al centro comercial una semana después: explique una y otra vez.

Los sermones y la repetición de las reglas, sin embargo, pueden fallarle a su hijos en un momento de crisis. Una manera efectiva de enseñarles a sus hijos la seguridad ante desconocidos es hacer juegos de qué-pasa-si que les hagan pensar cómo reaccionarían ante situaciones potencialmente peligrosas.

Éstos son algunos ejemplos:

- "¿Qué pasa si estuviera lloviendo muy fuerte y un desconocido se ofreciera a traerte a casa? ¿Qué harías?"
- "¿Qué pasa si se te acerca una persona en el parque y te dice: 'Se perdió mi cachorrito. ¿Me ayudarías a encontrarlo?' "
- "¿Qué pasa si alguien se acerca a la puerta cuando yo no estoy en casa y dice que se descompuso su auto y que necesita usar el teléfono para llamar al taller? ¿Qué harías?"
- "¿Qué pasa si alguien que no conoces te llama por tu nombre y dice que tu madre está herida y le ha pedido que te recoja en la escuela? ¿Qué dirías?"
- "¿Qué pasa si regresaras caminando a casa de la escuela y alguien estuviera siguiéndote? ¿Qué harías?"

No se alarme si sus hijos contestan mal estas preguntas, aun después de que usted les haya enseñado cómo actuar en una circunstancia dada. Es mucho mejor que cometan errores jugando este juego que en la calle cuando se les acerca un desconocido.

Los niños necesitan saber que *algunos* desconocidos no son buenas personas en *algunas* circunstancias. También necesitan saber *qué hacer* si se les acerca un desconocido o si se sienten en peligro. Esta información les da autoridad a los niños para protegerse a sí mismos y los hace menos temerosos de los innumerables desconocidos que atraviesan su vida diaria sin mala intención.

La violencia
en la televisión
y en los medios

Considere esta escena típica en cualquier casa: la televisión de la sala está chillando con las sirenas de los autos policiales en plena persecución del rufián que asesinó a la prostituta. El televisor de la recámara de los chicos está sintonizado en caricaturas cuyos personajes se abren paso, durante media hora del programa, aplastando, pateando, dando puñetazos, pegando y aporreando. Y, en el estudio, el juego de video desafía al jugador a matar, pillar y destruir con agilidad y perfecta sincronización. ¿Esto le suena como otra noche tranquila en su hogar?

Cuando en nuestros hogares o en nuestras calles ocurren actos de extrema violencia, instintivamente les cubrimos los ojos a nuestros hijos y los alejamos. Sin embargo, cuando ocurren en los programas de televisión, noticiarios o juegos de video, ofrecemos palomitas y butacas de primera fila. Quizá toleramos la violencia de la televisión y del video porque nos olvidamos de que nuestros hijos no son adultos en miniatura en la forma de mirar al mundo. A veces suponemos que nuestros hijos saben, igual que nosotros, que los programas de televisión no son reales. Esperamos que los niños tengan habilidades de adaptación suficientemente desarrolladas como para enfrentarse a las noticias de la noche. Desgraciadamente, los niños ven las caricaturas, los dramas de la vida real, los juegos de video y los estimados dieciocho mil asesinatos televisivos que presenciarán antes de los dieciséis años de manera muy diferente a como los vemos nosotros.

Efectos psicológicos de la violencia televisiva en los niños

Años de estudios de investigación han establecido que la violencia televisiva deja marcas psicológicas en los niños en una serie de formas:

- Un estudio del Instituto de Salud Mental, de los Estados Unidos, informó en 1982 que "la violencia en televisión sin duda conduce a un comportamiento agresivo de parte de los niños y adolescentes que ven los programas".

- El doctor Leonard Eron, de la Universidad de Illinois, descubrió que los niños que ven muchas horas de violencia en la televisión durante los años de escuela primaria, tienden a mostrar un nivel más elevado de comportamiento agresivo cuando son adolescentes.

- La Asociación Nacional para la Educación de los Niños Pequeños, de Estados Unidos, adoptó una Declaración de Postura ante la Violencia de los Medios en la Vida de los Niños, en ella se señala que los preescolares son particularmente vulnerables a las influencias negativas de los medios, porque todavía no son plenamente capaces de distinguir la fantasía de la realidad.

- La Academia Americana de Pediatría ha publicado un estudio en Estados Unidos que declara que: "Se han acumulado datos suficientes como para justificar la conclusión de que mirar televisión prolongadamente es una causa de comportamiento violento o agresivo."

- La Coalición Nacional de Violencia en la Televisión, de Estados Unidos, un grupo privado de vigilancia opuesto a la exaltación de la violencia, advierte que de los más de cuatrocientos juegos de Nintendo, la enorme mayoría tiene niveles de acción violenta lo bastante altos como para ser perjudiciales a la psique de los niños.

Las reacciones de los niños a la violencia en la televisión

Para verificar los descubrimientos de los diferentes estudios, sólo escuche a sus chicos. Éstas son tres reacciones que tienen comúnmente los niños que están exageradamente expuestos a la violencia en la televisión.

Pérdida de sensibilidad. "Hombre, mira la sangre que le chorrea de la cabeza. ¡Grandioso!"

La violencia de la televisión puede crear la impresión de que la agresión y los actos hostiles son comunes y aceptables. Cuando esto sucede, los niños dejan de sentir simpatía por el dolor de los demás. No tratan de impedir actos violentos y son lentos para reaccionar ante el sufrimiento de otros.

Actitudes imitativas. "Fuera de mi camino, gusano, o te golpeo."

Los niños imitarán lo que ven en televisión. Si los personajes de la televisión resuelven sus problemas con violencia, así lo harán sus hijos, probablemente.

La violencia en la televisión les enseña a los niños que los conflictos se solucionan mediante la fuerza. Los niños que ven programas violentos tienen más probabilidades de discutir, desobedecer y golpear a sus amigos, y su habilidad para resolver problemas tiende a ser muy escasa.

Temor exagerado. "No apagues la luz; ¡tengo miedo!" La televisión puede modelar la imagen de la realidad de un niño. La exposición excesiva a la violencia de la televisión causa que los niños vean el mundo como un lugar hostil, inseguro. Esto puede resultar en el "síndrome del mundo mezquino", como lo llama el doctor George Gerbner, de la Universidad de Pennsylvania. Este síndrome es la creencia de que el crimen y la violencia son partes integrales de nuestro mundo. El doctor Gerbner cree que los niños no tienen suficiente información sobre el mundo real como para poner en perspectiva lo que ven en la televisión.

Lo que pueden hacer los padres

Hay una cantidad de formas en que usted puede reducir los efectos psicológicos negativos de la violencia de la televisión en sus hijos. A continuación están listadas algunas y usted mismo puede pensar muchas más.

Reduzca el tiempo de la televisión. La aritmética básica apoya la sensatez de reducir el número de horas que nuestros niños ven televisión todos los días. Considere esto:

- Los niños presencian veinte actos violentos (estimados) durante cada hora que ven televisión.
- Los niños estadounidenses ven aproximadamente veintitrés horas de televisión por semana.
- Si usted apaga el televisor sólo una media hora más por día, ¡reducirá la ración de violencia de sus hijos en setenta incidentes por semana!

Evalúe los programas que ven sus hijos. Hay otro método para reducir las reacciones negativas de los niños a la violencia televisiva que es muy efectivo. Siéntese y vea por lo menos una vez los programas de televisión y los videojuegos de sus hijos. Si encuentra que un programa o un juego es excesivamente violento o glorifica la violencia gratuita, prohíbalo. Envíe a sus hijos –y a los productores de la violencia en los medios– un mensaje claro de que no está dispuesto a recibirla en su casa.

Por supuesto, a veces esto es más fácil decirlo que hacerlo, como descubrió May Eckingss, pero vale la pena el esfuerzo: "Soy bastante estricta respecto a lo que mis chicos ven en televisión", me dijo May. "Nos habímos acomodado en una agradable rutina de ver algunos programas seleccionados cada día. Pero una noche, la semana pasada, entré a la sala familiar después de bañar a Brett y ahí estaba mi hijo de ocho años absorto en un drama de la vida real que trataba de narcotraficantes." Tal como explicó May, cuando entró había una escena que representaba brutalmente y en acercamiento una redada. "Los sospechosos maldecían, los policías abrían puertas a puntapiés, volteaban los muebles y forcejeaban con los vendedores de drogas que resistían el arresto", exclamó.

Cuando May apagó el televisor, su hijo hizo berrinche: "¡En la escuela todos ven ese programa", gritó. "¿Por qué yo no puedo? Eres injusta", chilló al salir violentamente de la sala.

Explique sus razones para prohibir programas. Para suavizar el golpe de la censura, háblele a sus hijos antes de desenchufar los programas violentos de la televisión. Dígales que lo altera ver personas que hieren a otras personas, que usted cree que hay mejores formas para que la gente resuelva sus diferencias. Podría agregar que, así como no quiere que en su sala tenga lugar una actividad criminal brutal, tampoco quiere que su familia la vea en televisión.

Reemplace estos programas por viedeojuegos, programas o grabaciones recomendadas por su naturaleza no violenta.

Impida que los niños pequeños vean las noticias. Muchas familias reducen su cuota diaria de violencia al cambiar la hora en que ven el noticiario de la noche. Estamos de acuerdo con el doctor Benjamin Spock, quien cree que los niños de menos de seis años no deben ver los noticiarios. Estos niños tienen gran dificultad para procesar y hacerle frente a la violencia y a la tragedia humana. No hay razón para someterlos a una arremetida de horrores nocturnos.

Si sigue los lineamientos sugeridos, seguramente reducirá los efectos psicológicos negativos de la violencia en los medios, y ése es un logro admirable. No obstante, como no estamos siempre a mano para censurar la televisión, como todos nuestros hijos tienen amigos con televisor, y como la violencia es parte de nuestro mundo, no podemos escudar completamente a nuestros hijos de la violencia. Por eso es importante enseñarles a ver críticamente y a evaluar la televisión, para poner la violencia en su perspectiva correcta.

La enseñanza de la capacidad crítica para ver televisión

Muchos niños (especialmente los que tiene menos de seis años) tienen dificultad para distinguir lo que es real de lo que no lo es. Esta capacidad es un factor importante en la forma en que los niños procesan la violencia de la televisión. La habilidad para ver la televisión críticamente puede ayudar a los chicos a entender por qué la televisión no es representativa del mundo en el que viven, y este conocimiento puede disminuir el impacto negativo de la violencia en los medios.

Explique lo que hacen los actores. Esta noche, mientras esté viendo televisión, dígale a sus hijos: "Éstas no son personas reales. Son lo que se llama 'personajes'. El personaje de María Pérez, por ejemplo, lo representa una actriz que se llama Margarita López. Su trabajo consiste en memorizar las líneas y actuar su papel frente a las cámaras que graban la escena y la proyectan para nosotros."

Destaque el concepto de personaje y actor animando a sus hijos a actuar. Déjelos representar el papel de su personaje de televisión favorito. Los niños mayores hasta pueden memorizar las líneas de una escena.

Si tiene una cámara de video, haga que sus hijos produzcan su propio programa de televisión. Déjelos elegir personajes de su programa favorito, que escriban la historia que deseen representar, fílmela y véanla en el televisor. Si quieren incluir una escena violenta, déjelos. Esta es otra forma para que vean de primera mano que la violencia de los programas de televisión no es real y que los personajes realmente no resultan heridos.

Más tarde, cuando vean la violencia en la televisión, recuérdeles a sus hijos: "Los personajes de la televisión fingen golpearse así, de manera que realmente no se causan dolor, como lo hicieron ustedes en su video (u obra de teatro o lo que sea). Si personas reales se golpean, eso duele."

Explique lo que son realmente las caricaturas. Uno de los maravillosos encantos de la niñez es la inocencia imaginativa que le permite a los niños pequeños creer en Montoya, el Ratón Miguelito y Cenicienta. Pero esta misma imaginación los hace proclives a tener problemas asociados con la violencia que ven en televisión cuando tienen una sobredosis de personajes de caricatura como el Correcaminos, Bugs Bunny y las Tortugas Mutantes Ninja Adolescentes, o casi cualquier otra caricatura popular. Los niños de menos de seis años necesitan ayuda para comprender por qué los personajes de caricatura no sienten dolor.

Mientras vea caricaturas con sus hijos, ocasionalmente haga preguntas que abran una discusión sobre las diferencias entre la fantasía y la realidad. Éstos son algunos ejemplos:

- "¿Podrías ver a Bugs Bunny manejando un auto por la calle? ¿Por qué no?"
- "Si un pájaro verdadero estuviera en una explosión, como el Correcaminos, ¿podría correr por ahí de inmediato?" ¿Por qué no?"
- "¿Piensas que hay Tortugas Ninja en nuestra ciudad?"

Háblele a sus hijos sobre las respuestas a preguntas como éstas, y enfatice la fantasía de las caricaturas.

También puede ayudar a desmitificar la vida de los personajes de caricatura al mostrarles a los niños cómo se hacen las caricaturas. Mientras dibuja una caricatura, dígales: "Un artista dibuja los personajes de caricatura sobre papel, así. Por eso es que los personajes de caricatura pueden golpearse entre sí sin lastimarse. Si yo golpeo a una persona real, eso la lastimaría y no sería agradable."

Vea programas con sus niños para disipar la tensión. Puede reducir los efectos de la violencia televisiva simplemente al estar en la habitación donde está encendido el televisor. Hay estudios que han descubierto que su mera presencia alivia la tensión que sienten los niños mientras ven escenas violentas. Al estar cerca también está disponible para responder preguntas como: "¿Esto puede suceder realmente?" "¿Ese tipo está realmente muerto?"

Cuando vea televisión con sus niños, manténgase alerta a las oportunidades de hablar sobre las escenas violentas y de ayudar a sus hijos a ver el lado comercial y sensacionalista de la televisión. Haga preguntas como:

- "¿Por qué le disparó a ese hombre?"
- "¿De qué otra manera podría haber encarado el problema?"
- "¿Piensas que una persona verdadera actuaría de esa manera o estos programas de televisión exageran las escenas violentas?"
- "¿Por qué será que un programa de televisión quiere hacer que dos personas se peleen por un problema en lugar de hacerlas hablar sobre la cuestión y resolverla sin derramar sangre?"

Busque los programas hechos entre bambalinas. Una manera hermosa y entretenida de enseñarles a los niños para que adquieran habilidad para mirar críticamente es mediante los ocasionales especiales de televisión hechos entre bambalinas de una película popular. Un vecino nuestro recientemente elogió un programa de televisión que mostraba cómo se hizo la película *Mi pobre angelito*. El programa llevó a los espectadores al *set* de *Mi pobre angelito* de manera que podían ver al director, a los camarógrafos, a los actores, a los maquillistas y a los demás técnicos mientras hacían la película. Mostraba a los actores practicando y riéndose de sus intentos para hacer que se vieran reales las escenas particularmente hostiles.

Dice mi vecino: "Ahora mis chicos ven las películas y la tevisión de una manera completamente diferente. Finalmente pueden comprender la línea que separa la actuación de la vida real."

Busque este tipo de programas entre bambalinas, los que muestran errores cometidos en una filmación e incluso las entrevistas televisivas con los actores. Contemplar a los actores fuera de sus personajes ayuda a los niños a asimilar su afirmación: "Ese personaje no es real."

La violencia y las tragedias en las noticias

La violencia y las tragedias transmitidas en los programas noticiosos de la televisión presentan todo un conjunto diferente de problemas para los niños. Aunque puede ayudarlos a separar la violencia que ven en los programas de ficción de la realidad de su mundo, las noticias de televisión *son* la realidad, así que es más difícil para ellos entenderlo y hacer distinciones.

Después de ver la información sobre un hecho violento en el noticiario, los niños pueden concentrarse en su relevancia personal más que en el hecho en sí. Las historias trágicas sobre niños hacen que los jóvenes espectadores se sientan especialmente vulnerables. Un secuestro hará que los niños se preocupen por su propia seguridad; una historia de abuso sexual los hará desconfiar de quienes los cuidan. La noticia de un robo los pondrá en guardia.

Si las noticias deben estar encendidas mientras los niños están por ahí, hábleles sobre las informaciones de violencia y aparte el foco de su hijo y su familia. Diga algo así como: "Qué cosa más mezquina hizo esa persona. Me da gusto que lo hayan atrapado y encerrado en la cárcel."

También puede armar a sus hijos con estrategias protectoras para que no se sientan impotentes para resistir las atrocidades del mundo. Cuando las noticias presenten un secuestro, por ejemplo, puede darles a sus hijos la seguridad de que esto nunca les va a pasar a ellos porque conocen las reglas de la familia que van en contra de hablar con desconocidos o estar en lugares desolados.

La buena noticia

Hay algunas señales alentadoras de que la industria del entretenimiento del futuro dependerá con menos intensidad de la violencia para obtener mayores audiencias. Sega de

América, cuyos videojuegos electrónicos presentan villanos asesinos, calamitosas persecuciones en auto y sangrientos tiroteos, está clasificando sus productos voluntariamente: *CA* para el público en general, *MA-13* para "audiencias maduras" de trece años y más, y *MA-17* para los que tienen más de diecisiete. Seguramente esto ayudará a los padres a monitorear el contacto de sus hijos con la violencia.

En Estados Unidos, las principales cadenas de televisión –ABC, CBS y NBC– también han acordado voluntariamente ciertas normas que rigen la violencia en la televisión. Es un paso pequeño, pero va en la dirección correcta. Sin embargo, por ahora, la violencia de la televisión es una intrusión en todas nuestras vidas que no podemos evitar completamente.

Para equilibrar este lado negativo de la televisión, recuerde:

- Reduzca el tiempo que se ve televisión.
- Prohíba los programas que son excepcionalmente violentos.
- Hable de la diferencia entre realidad y fantasía.
- Enseñe la habilidad de mirar críticamente.

Después busque programas que subrayen el lado positivo de la vida.

En este mismo momento hay programas que presentan modelos de bondad, compasión y generosidad. Hay programas que pueden aumentar las habilidades académicas y sociales de nuestros niños, y hay programas que son sencillamente divertidos. Haga un esfuerzo para descubrirlos y anime a sus hijos a verlos.

Clasificados como excelentes por los expertos

La autora Holly St. Lifer eligió un equipo de críticos, activistas y educadores que seleccionaron una serie de programas de televisión. La lista apareció en la revista *Child*, de los Estados Unidos, en enero de 1993, e incluía *Plaza Sésamo, Los pequeños Muppets, El show de Cosby, Los años maravillosos, Babar, Tiny Toons...* Esto les dará una idea de cómo empezar a buscar una programación de televisión que no sea violenta.

Quejas

Busque el domicilio y los números telefónicos de los canales en el directorio. También aparecen los de la Cámara Nacional de la Industria de Radio y Televisión. Hágales saber su opinión en contra de los programas violentos.

La violencia
en la realidad

En la misma forma en que hoy los niños practican simulacros de evacuación por sismos, en otros países, hace una generación, los niños respondían a la sirena de ataque aéreo metiéndose debajo de los pupitres escolares, poniendo las manos sobre las cabezas y rezando. Cada simulacro los preparaba para una muerte inmediata a manos de un demonio invisible, desconocido y mal definido. Por encima de los sollozos de los compañeros asustados, los niños se esforzaban por oír el ruido de las bombas que estaban seguros que atravesarían el techo en cualquier momento.

Muchos de los que recuerdan esos simulacros recuerdan también que la parte más terrible de todo era no saber realmente qué estaba pasando. Los adultos no les hablaban abiertamente a los niños sobre las consecuencias de una guerra atómica porque, decía la sabiduría popular, los detalles asustarían demasiado a los niños, les provocarían pesadillas y causarían una histeria indebida. En cambio, les enseñaron a protegerse en caso de que "algo" sucediera.

Aunque ha terminado la guerra fría y ha disminuido el temor a los misiles y las bombas, las historias de guerra son todavía una parte de la vida de los niños. En el momento de escribir este libro, los medios están transmitiendo reportajes desde el Medio Oriente, Europa Oriental, África. Dado que la guerra es tan antigua como la historia humana, es una suposición razonable que, no importa cuándo lea usted este capítulo, probablemente se esté librando una guerra en alguna parte de nuestro mundo. Nuestros hijos siempre tendrán preguntas sobre las atrocidades de la batalla que las noticias traen a nuestros hogares. Ahora, afortunadamente, nos damos cuenta de que son las respuestas realistas a estas preguntas las que aliviarán sus temores y pesadillas.

Cómo hablar de la guerra

Es una buena idea que organice sus sentimientos respecto a la guerra antes de comentar el tema con sus hijos. Entre los amigos y colegas se puede hablar de la guerra en términos más bien cortantes y brutales: "Les deberíamos dar de patadas y salirnos de ahí", podría decir, o "Deberían bombardearlos hasta borrarlos del mapa."

Pero, ¿realmente es éste el mensaje que quiere darles a sus hijos? Como la próxima generación de líderes y pacificadores potenciales, nuestros hijos deberían recibir educación sobre el verdadero carácter de la guerra y de los "enemigos".

Trate de enfocar sus conversaciones sobre la guerra con la esperanza de que haya un arreglo pacífico. Manténgase confiado en el futuro del mundo, sosteniendo la actitud optimista de que los líderes militares y políticos encontrarán un camino para teminar la guerra sin la total destrucción de una de las partes. Este enfoque les da a los niños esperanza para el futuro.

Qué decir sobre la guerra

Los expertos están de acuerdo en que es mejor no ocultarles los hechos a los niños. La única forma de alcanzar la meta de hacer que los niños se sientan seguros en sus propias casas es darles la libertad de hablar con usted y hacerle preguntas sobre la guerra.

Lo que les diga exactamente a sus hijos sobre la guerra dependerá de la edad.

Los preescolares básicamente sólo quieren saber que usted cuidará de ellos. Sus respuestas deben ser breves y protectoras. Sea optimista respecto a que las naciones aprenderán a resolver pacíficamente sus disputas.

Los niños en edad escolar quieren más información que los niños pequeños. No reprima la conversación sobre sus temores ni evite discusiones.

Use la televisión y los reportajes de la prensa escrita para iniciar las discusiones y ofrezca oportunidades para compartir las preocupaciones.

No hay respuestas fáciles a las preguntas sobre la guerra. Pero los ejemplos siguientes les darán una idea de cómo puede equilibrar la naturaleza cruel de la guerra con la esperanza tranquilizadora de una paz futura.

"¿Por qué hay guerra?"

Una discusión franca sobre el concepto de guerra expondrá la amenaza a la seguridad personal en un contexto más amplio. Diga a sus hijos que con gran frecuencia la guerra es una decisión política que hace el gobierno de una nación para defender al país.

Podría decir: "Cuando la existencia, el honor, el poder o la influencia de un país están amenazadas de alguna manera, los líderes de ese país pueden decidirse a enviar soldados a combatir a quien sea que los esté amenazando."

"¿No hay alguna otra forma
de resolver el problema?"

Usted puede creer que a veces un país debe defender su honor y que la guerra no es sólo un juego sangriento. Cualesquiera que sean sus opiniones políticas, como los niños son nuestros futuros políticos, oficiales militares y pacificadores, se les debe estimular a ver la guerra como una acción indeseable y como el último recurso. Asegúreles que los soldados van a la batalla luego de que han fracasado todos los demás esfuerzos de solución.

Estimule a sus hijos para que piensen maneras de evitar las guerras futuras. Pregúnteles: "Si fueras el presidente, ¿cómo solucionarías este problema de una manera no violenta?" En sus discusiones sobre formas alternativas de solucionar los problemas nacionales introduzca términos como "entendimiento mutuo", "negociación" y "arbitraje".

"¿Por qué las personas de ese país son tan malas?"

Debemos dejar de enseñarles a nuestros hijos que las personas que están en territorio "enemigo" son invariablemente traicioneras, crueles y guerreras, mientras que nosotros somos invariablemente amantes de la paz, honorables y humanos. Un pensamiento sin matices como éste solamente convencerá a nuestros hijos de que la guerra es necesaria e inevitable.

Dígales a sus hijos: "Los pueblos de todas las naciones son al mismo tiempo amorosos y agresivos. Debemos buscar lo que tienen de bueno los demás y encontrar maneras de trabajar juntos en paz."

"¿Cuánto tiempo durará la guerra?"

Si los medios se están concentrando en un incidente internacional, a los niños les parecerá que la guerra es una parte interminable de la vida. Asegúreles que la guerra termina en algún momento. Dígales: "En la vida, todas las personas experimentamos momentos buenos y momentos malos. Las personas que están atravesando esta mala época de guerra un día vivirán de nuevo en paz y con felicidad."

"¿Las bombas van a llegar aquí?

Durante la guerra en el Golfo Pérsico, muchos niños estadounidenses lloraban por su propia seguridad después de ver imágenes de los niños israelíes con máscaras antigás, acobardados ante el sonido de las bombas no tan distantes. Si la guerra que preocupa a sus hijos se está librando lejos, ofrézcales alguna información concreta que los tranquilice respecto a su seguridad.

Primero, reconozca su temor. Podría decirles: "Sí, sé que estás asustado, y yo también he estado pensando en esto." Después presente los hechos. "Pero déjame mostrarte cómo sé que estamos completamente a salvo de un ataque."

Muéstrele a sus hijos un mapa o un globo terráqueo. Señale la distancia entre su casa y algún lugar conocido, y después señale el lugar de la guerra. Podría buscar exactamente a cuántos kilómetros de distancia se está librando la guerra, y hasta añadir algo como: "Se tarda veinticuatro horas para llegar en avión a este país. Eso queda demasiado lejos como para que vuele una bomba."

Cuando los niños necesitan aliviar la tensión

Si, después de hablar de la guerra y de dar oportunidad a las preguntas y respuestas, sus hijos todavía parecen angustiados, hay algunas cosas que puede hacer para aliviar la tensión.

Apague las noticias. Seguramente no hay razón para negar la presencia de la guerra en el mundo, y queremos que nuestros hijos sepan que estamos disponibles para hablar sobre el tema. Sin embargo, tampoco hay necesidad de que nuestros hijos se pasen todo el día viendo la muerte y la destrucción de la guerra en vivo y a color.

No hable constantemente de la guerra. Si la guerra es lo más destacado de las noticias, trate de mantener equilibradas las conversaciones familiares con otros intereses y acontecimientos. Los niños imitarán cada palabra y gesto suyos, si usted se obsesiona por el tema, ellos también.

Mantenga su rutina diaria habitual. Las rutinas predecibles hacen que los niños se sientan seguros; los cambios en la rutina causan inseguridad. Sus hijos se sentirán asustados si usted detiene todas las actividades normales para estar pendiente de los noticiarios. Se pondrán tensos y sentirán temor si usted altera su traslado acostumbrado a la escuela o al trabajo a causa de temores infundados a un ataque terrorista. Trate de mantener el mismo programa cotidiano tal como era antes de que los medios noticiosos trajeran la guerra a su casa.

Como padres tenemos la responsabilidad de ayudar a los niños a comprender que el conflicto físico no es la única manera de resolver los problemas nacionales. Ellos necesitan saber que la confianza y la cooperación son posibles entre los pueblos del mundo. Cuando hable con ellos sobre la guerra, muéstreles los hechos del conflicto actual, pero anímelos también a ver las posibilidades pacíficas para el futuro.

Cómo hablar de temas delicados a los hijos
Negativos de portada: *Forma-Print S.A. de C.V.*
Esta edición se imprimió en enero de 1998,
en *Diseño Editorial*, Bismark 18, México,
03510, D.F.